新农村实用人才培训教材

农业政策 与法律常识

周晖 王莹 郭可 编著

中国农业科学技术出版社

图书在版编目(CIP)数据

农业政策与法律常识/周晖,王莹,郭可编著.—北京:中国农业科学技术出版社,2010
ISBN 978-7-5116-0241-1

Ⅰ.①农… Ⅱ.①周… ②王… ③郭… Ⅲ.①农业政策—基本知识—中国 ②农业法—基本知识—中国 Ⅳ.①F320 ②D922.4

中国版本图书馆 CIP 数据核字(2010)第 127957 号

责任编辑	张孝安
责任校对	贾晓红

出 版 者	中国农业科学技术出版社
	北京市中关村南大街 12 号　邮编:100081
电　　话	(010)82109708(编辑室) (010)82109704(发行部)
	(010)82109703(读者服务部)
传　　真	(010)82109709
网　　址	http://www.castp.cn
经 销 者	新华书店北京发行所
印 刷 者	北京富泰印刷有限责任公司
开　　本	850 mm×1 168 mm　1/32
印　　张	5.5
字　　数	140 千字
版　　次	2010 年 7 月第 1 版　2017 年 5 月第 5 次印刷
定　　价	15.00 元

━━━◆ 版权所有　侵权必究 ◆━━━

前　言

建设社会主义新农村是我国现代化进程中的重大历史任务。要构建生产发展、生活宽裕、环境整洁、乡风文明和管理民主的乡村，离不开农业政策和法律的保驾护航，离不开农村工作者、农民朋友法律素质的一天天提高。

随着农村改革的不断深入，农村工作者、农民朋友遇到的涉法新情况、新问题和新矛盾也越来越多，需要大家及时更新观念、不断学习、调整工作方法，适应农村建设的新形势、新发展。提高农村工作者、农民朋友的法律素质和工作能力，充实法律意识，会使社会主义新农村建设产生质的飞跃。

为了更好地帮助农村工作者、农民朋友了解党在农村的政策，把握法律，更新观念，增强能力，扎实推进新农村建设，笔者编写了《农业政策与法律常识》一书，供大家学习、培训使用，在农村实践中参考。

本书共10篇，每一篇都以实例导入，通俗易懂，内容涉及国家农业政策与农业法律的关系，农业法对农业的支持保护和国务院最新扶持农业的措施；有关土地管理和土地承包，资源与环境保护，农业生产资料管理，农村经济活动，农村家庭，农村社会保障，农村治安和涉农纠纷的法律解决等各个法律领域，通过问答方式讲解民事、经济、行政和纠纷解决等基本法律常识，具有较强的实用性和针对性。

由于时间仓促及编写者水平所限，错误和疏漏在所难免，诚请读者批评指正，更好地共同为建设社会主义新农村贡献力量。

编　者
2010年4月20日

目 录

第一篇　农业政策与农业法律篇 …… 1
- 一、农业政策与农业法律 …… 1
- 二、农业法对农业的支持保护 …… 4

第二篇　现行农业政策篇 …… 9
- 一、2009年中央一号文件主要内容 …… 9
- 二、2010年中央一号文件主要内容 …… 10
- 三、国务院扶持农业的政策措施 …… 13

第三篇　土地管理与土地承包篇 …… 16
- 一、土地管理及农用地保护 …… 16
- 二、宅基地使用权 …… 22
- 三、农村土地承包经营权 …… 25
- 四、农用地征收及安置、补偿 …… 35

第四篇　资源与环境保护篇 …… 41
- 一、环境保护 …… 41
- 二、渔业资源保护 …… 43
- 三、森林资源保护 …… 48

第五篇　农业生产资料管理篇 …… 53
- 一、农药管理 …… 53
- 二、兽药管理 …… 56

三、饲料和饲料添加剂管理 ················· 60
四、种子管理 ······························· 62
五、农业机械化和农业机械管理 ············ 67

第六篇　农村经济生活篇 ·················· 71
一、农村经济活动参与者管理 ··············· 71
二、农村经济行为 ·························· 88

第七篇　农村家庭篇 ······················ 106
一、婚姻家庭关系处理 ····················· 106
二、财产继承关系处理 ····················· 115

第八篇　农村社会保障篇 ·················· 119
一、农村社会保险 ························· 119
二、农村合作医疗 ························· 126
三、社会救助 ····························· 131
四、农村社会福利 ························· 136

第九篇　农村治安篇 ······················ 142
一、刑事法律常识 ························· 142
二、治安管理处罚 ························· 149

第十篇　涉农纠纷的法律解决篇 ············ 152
一、行政复议 ····························· 152
二、信访制度 ····························· 156
三、诉讼 ································· 161

参考文献 ································ 169

第一篇 农业政策与农业法律篇

【实例解答】湖南省武冈市马坪乡如何完善"四议两公开"制度?

当前,全国正在广大农村推行"四议两公开工作法",各地相继出台了配套制度力促落实到位。湖南省武冈市马坪乡着力创建符合科学发展观要求的"四议两公开"落实机制,有力推进了该乡"一事一议"工程。

该乡实行"四议两公开"岗位责任、党员和村民代表联系群众、"民主议事日"、责任追究等制度,为落实"四议两公开"提供了制度保障。同时,规范了公开程序。公开前,由村民委员会提出公开的具体方案,之后由村务公开监督小组对方案进行审查、完善后,提交村支两委联席会议讨论确定。公开后,村"两委"成员通过"民主日"、"解答日"等为群众及时释疑。

对一些触及矛盾深、利益关系复杂的难事,以"四议"、"两公开"框架为基础,该乡还形成多重循环、反复协商、充分反馈的决策体系,充分落实了农村党员群众的知情权、参与权、表达权、监督权。

一、农业政策与农业法律

1. 什么是农业政策?

政策就是执政党为国家所提的主张,是执政党在一定历史时期内,综合多方面的建议为推动实现一定的任务而制定的行动依据和准则。政策对农业经济关系的作用十分明显。如中央连续12年出台了有关"三农"的中央一号文件,用来调整农业和农村经济关系。这些政策在农业和农村经济关系变革中起了重大作用。

2. 什么是农业法?

《农业法》中的农业是指种植业、林业、畜牧业和渔业等产业,包括与其直接相关的产前、产中、产后服务。

农业法有广义、狭义之分。广义的农业法是指农业经济法,即调整人们在农业经济活动中所发生的特定农业经济关系的法律规范的总称。狭义的农业法是指1993年7月2日第八届全国人民代表大会常务委员会第二次会议通过,2002年12月28日第九届全国人民代表大会常务委员会第三十一次会议修订,自2003年3月1日起施行的《中华人民共和国农业法》。

修订后的《农业法》扩大了调整范围,这是建设现代农业的需要和建立适应发展社会主义市场经济要求的农村经济体制的需要。

3. 农业政策与农业法律的联系是什么?

农业政策对农业法律的制定和执行起着不可替代的指导作用,同时农业法律是实现农业政策的重要形式,又对党的农业政策起着制约作用。两者相互作用,相辅相成,又互为依据。它们共同为发展农业和农村经济服务。但是两者又不能相互取代。

(1)农业政策指导农业法律的制定和执行　农业政策是党和政府指导农业经济活动的行为准则。农业政策是制定农业法律的依据。农业政策对农业法律起着指导贯彻执行的效果。执行农业法的过程,就是要把握好党的政策的精神实质。客观形势不断发展变化,党的政策具有及时反映需要的特点,可以更好地发挥农业法律的作用。

(2)农业法律是实现党领导国家贯彻政策的重要形式,又对党的政策有制约作用　农业法律是规范化、定型化和条文化的农业政策。农业法律具有稳定性、权威性的特点。农业法律比农业政策更加成熟。

4. 农业政策与农业法律的区别是什么?

(1)农业法律是由国家制定或者认可的,具有国家意志的属性。农业政策是党的领导机关制定的,尚不具有国家意志的属性。

(2)农业法律是由国家强制力保证实施,并具有普遍的约束力。农业政策是通过思想工作、说服教育、党员的模范带头作用以及党的纪律保证来实现,党的某些政策并非对每个公民都具有号召力。

(3)农业法律是由法律、法规等规范性文件形式表现。农业政策未被制定或认可为法律规范之前,是由决定、决议、纲领、宣言、通知、纪要等形式表现的。

(4)农业法律规定的内容比较具体、明确和详尽,它不仅告诉人们可以做什么、应该做什么和禁止做什么,而且还规定了违法所应承担的责任。农业政策一般比较原则和概括。

(5)农业法律比较稳定。农业政策比较灵活,变化较快。

5. 我国农业生产经营的基本组织制度是什么?

以按劳分配为主体、多种分配方式并存的分配制度。国家实行农村土地承包经营制度,依法保障农村土地承包关系的长期稳定,保护农民对承包土地的使用权。

农村土地承包经营的方式、期限、发包方和承包方的权利义务、土地承包经营权的保护和流转等,适用《中华人民共和国土地管理法》和《中华人民共和国农村土地承包法》。

农村集体经济组织应当在家庭承包经营的基础上,依法管理集体资产,为其成员提供生产、技术、信息等服务,组织合理开发、利用集体资源,壮大经济实力。

6. 农业和农村经济发展的基本目标是什么?

国家把农业放在发展国民经济的首位。

农业和农村经济发展的基本目标是:建立适应发展社会主义市场经济要求的农村经济体制,不断解放和发展农村生产力,提高农业的整体素质和效益,确保农产品供应和质量,满足国民经济发展和人口增长、生活改善的需求,提高农民的收入和生活水平,促进农村富余劳动力向非农产业和城镇转移,缩小城乡差别和区域差别,建设富裕、民主、文明的社会主义新农村,逐步实现农业和农村现代化。

7. 国家在调整和优化农业生产结构方面的方针是什么?

国家引导和支持农民和农业生产经营组织结合本地实际按照市

场需求,调整和优化农业生产结构,协调发展种植业、林业、畜牧业和渔业,发展优质、高产、高效益的农业,提高农产品国际竞争力。

种植业以优化品种、提高质量、增加效益为中心,调整作物结构、品种结构和品质结构。

加强林业生态建设,实施天然林保护、退耕还林和防沙治沙工程,加强防护林体系建设,加速营造速生丰产林、工业原料林和薪炭林。

加强草原保护和建设,加快发展畜牧业,推广圈养和舍饲,改良畜禽品种,积极发展饲料工业和畜禽产品加工业。

渔业生产应当保护和合理利用渔业资源,调整捕捞结构,积极发展水产养殖业、远洋渔业和水产品加工业。

县级以上人民政府应当制定政策,安排资金,引导和支持农业结构调整。

二、农业法对农业的支持保护

1. 修订后的《农业法》在保护农民利益方面有哪些规定?

(1)进一步规范了涉农行政、事业性收费　没有法律、法规依据的收费,农民和农业生产经营组织有权拒绝。

(2)严格禁止各级政府向农民集资　各级人民政府及其有关部门和所属单位不得以任何方式向农民或者农业生产经营组织集资。

没有法律、法规依据或者未经国务院批准,任何机关或者单位不得在农村进行任何形式的达标、升级、验收活动。

(3)明确规定不得向农民违规收取农村义务教育费用　农村义务教育除按国务院规定收取的费用外,不得向农民和学生收取其他费用。禁止任何机关或者单位通过农村中小学校向农民收费。上级主管机关责令停止违法行为,并给予直接负责的主管人员和其他直接责任人员行政处分,责令退还违法收取的集资款、税款或者费用。

(4)规范了向农民筹资筹劳、重大事项、财务账目公开　农村集体经济组织或者村民委员会为发展生产或者兴办公益事业,需要向其成员(村民)筹资筹劳的,应当经成员(村民)会议或者成员

(村民)代表会议过半数通过后,方可进行。

农村集体经济组织或者村民委员会依照前款规定筹资筹劳的,不得超过省级以上人民政府规定的上限控制标准,禁止强行以资代劳。

农村集体经济组织和村民委员会对涉及农民利益的重要事项,应当向农民公开,并定期公布财务账目,接受农民的监督。

(5)规定了不得干涉农民自主生产经营权 各级人民政府、农村集体经济组织或者村民委员会在农业和农村经济结构调整、农业产业化经营和土地承包经营权流转等过程中,不得侵犯农民的土地承包经营权,不得干涉农民自主安排的生产经营项目,不得强迫农民购买指定的生产资料或者按指定的渠道销售农产品。

任何单位和个人向农民或者农业生产经营组织提供生产、技术、信息、文化、保险等有偿服务,必须坚持自愿原则,不得强迫农民和农业生产经营组织接受服务。

(6)明确了保护农民合法权益的法律措施 违反法律规定,侵犯农民权益的,农民或者农业生产经营组织可以依法申请行政复议或者向人民法院提起诉讼,有关人民政府及其有关部门或者人民法院应当依法受理。

人民法院和司法行政主管机关应当依照有关规定为农民提供法律援助。

2.国家如何支持建立健全优质农产品认证和标志制度?

国家支持依法建立健全优质农产品认证和标志制度。

国家鼓励和扶持发展优质农产品生产。县级以上地方人民政府应当结合本地情况,按照国家有关规定采取措施,发展优质农产品生产。

符合国家规定标准的优质农产品可以依照法律或者行政法规的规定申请使用有关的标志。符合规定产地及生产规范要求的农产品可以依照有关法律或者行政法规的规定申请使用农产品地理标志。

3.国家如何实行动植物防疫、检疫制度?

国家实行动植物防疫、检疫制度,健全动植物防疫、检疫体系,加强对动物疫病和植物病、虫、杂草、鼠害的监测、预警、防治,建立重大动物疫情和植物病虫害的快速扑灭机制,建设动物无规定疫病区,实施植物保护工程。

4.对生产资料质量和使用,国家如何进行管理?

农药、兽药、饲料和饲料添加剂、肥料、种子、农业机械等可能危害人畜安全的农业生产资料的生产经营,依照相关法律、行政法规的规定实行登记或者许可制度。

各级人民政府应当建立健全农业生产资料的安全使用制度,农民和农业生产经营组织不得使用国家明令淘汰和禁止使用的农药、兽药、饲料添加剂等农业生产资料和其他禁止使用的产品。

农业生产资料的生产者、销售者应当对其生产、销售的产品的质量负责,禁止以次充好、以假充真、以不合格的产品冒充合格的产品;禁止生产和销售国家明令淘汰的农药、兽药、饲料添加剂、农业机械等农业生产资料。

5.《农业法》在农产品流通与加工方面是如何规定的?

农产品的购销实行市场调节。

国家鼓励和支持发展多种形式的农产品流通活动。支持农民和农民专业合作经济组织按照国家有关规定从事农产品收购、批发、贮藏、运输、零售和中介活动。鼓励供销合作社和其他从事农产品购销的农业生产经营组织提供市场信息,开拓农产品流通渠道,为农产品销售服务。

县级以上人民政府应当采取措施,督促有关部门保障农产品运输畅通,降低农产品流通成本。有关行政管理部门应当简化手续,方便鲜活农产品的运输,除法律、行政法规另有规定外,不得扣押鲜活农产品的运输工具。

6.《农业法》对"粮食安全"是如何规定的?

国家采取措施保护和提高粮食综合生产能力,稳步提高粮食生产水平,保障粮食安全。

国家建立耕地保护制度,对基本农田依法实行特殊保护。

国家在政策、资金、技术等方面对粮食主产区给予重点扶持，建设稳定的商品粮生产基地，改善粮食收贮及加工设施，提高粮食主产区的粮食生产、加工水平和经济效益。国家支持粮食主产区与主销区建立稳定的购销合作关系。

在粮食的市场价格过低时，国务院可以决定对部分粮食品种实行保护价制度。保护价应当根据有利于保护农民利益、稳定粮食生产的原则确定。

农民按保护价制度出售粮食，国家委托的收购单位不得拒收。

县级以上人民政府应当组织财政、金融等部门以及国家委托的收购单位及时筹足粮食收购资金，任何部门、单位或者个人不得截留或者挪用。

国家建立粮食风险基金，用于支持粮食贮备、稳定粮食市场和保护农民利益。

7. 国家对"农业投入与支持保护"有哪些规定？

国家建立和完善农业支持保护体系，采取财政投入、税收优惠、金融支持等措施，从资金投入、科研与技术推广、教育培训、农业生产资料供应、市场信息、质量标准、检验检疫、社会化服务以及灾害救助等方面扶持农民和农业生产经营组织发展农业生产，提高农民的收入水平。

国家运用税收、价格、信贷等手段，鼓励和引导农民和农业生产经营组织增加农业生产经营性投入和小型农田水利等基本建设投入。

国家鼓励和支持农民和农业生产经营组织在自愿的基础上依法采取多种形式，筹集农业资金。

国家鼓励社会资金投向农业，鼓励企业事业单位、社会团体和个人捐资设立各种农业建设和农业科技、教育基金。

国家采取税收、信贷等手段鼓励和扶持农业生产资料的生产和贸易，为农业生产稳定增长提供物质保障。

国家鼓励供销合作社、农村集体经济组织、农民专业合作经济组织、其他组织和个人发展多种形式的农业生产产前、产中、产后的社会化服务事业。县级以上人民政府及其各有关部门应当采取措施对农业社会化服务事业给予支持。

对跨地区从事农业社会化服务的,农业、工商管理、交通运输、公安等有关部门应当采取措施给予支持。

国家建立健全农村金融体系,加强农村信用制度建设,加强农村金融监管。

国家建立和完善农业保险制度。

8.《农业法》对"农业资源与农业环境保护"是如何规定的?

发展农业和农村经济必须合理利用和保护土地、水、森林、草原、野生动植物等自然资源,合理开发和利用水能、沼气、太阳能、风能等可再生能源和清洁能源,发展生态农业,保护和改善生态环境。

农民和农业生产经营组织应当保养耕地,合理使用化肥、农药、农用薄膜,增加使用有机肥料,采用先进技术,保护和提高地力,防止农用地的污染、破坏和地力衰退。

各级人民政府应当采取措施,加强小流域综合治理,预防和治理水土流失。从事可能引起水土流失的生产建设活动的单位和个人,必须采取预防措施,并负责治理因生产建设活动造成的水土流失。

国家实行全民义务植树制度。各级人民政府应当采取措施,组织群众植树造林,保护林地和林木,预防森林火灾,防治森林病虫害,制止滥伐、盗伐林木,提高森林覆盖率。

9.《农业法》对"农村经济发展"有哪些重要规定?

国家采取措施引导农村富余劳动力在城乡、地区间合理有序流动。地方各级人民政府依法保护进入城镇就业的农村劳动力的合法权益,不得设置不合理限制,已经设置的应当取消。

国家逐步完善农村社会救济制度,保障农村五保户、贫困残疾农民、贫困老年农民和其他丧失劳动能力的农民的基本生活。

国家鼓励、支持农民巩固和发展农村合作医疗和其他医疗保障形式,提高农民健康水平。

第二篇　现行农业政策篇

【实例解答】"农技110"是如何帮助农民科学种田的？

针对多数农民农业科技知识匮乏的实际，为充分发挥农业专家的优势，指导农民科学种田，重庆市垫江县开通了农业科技服务咨询热线电话"74681110"，即"农技110"。

"农技110"服务主要是以传播农业科技信息为重点，由涉农部门组织农业专家进行农业信息技术咨询、技术解答、提供农业法律法规服务等。"农技110"服务的专用号码通过电视、报纸等向群众公布。农民可随时拨打该电话，农业专家则轮流"坐班"，通过"电话答复"或"现场出诊"两种基本形式为农民提供农技服务。

垫江县澄溪镇龙兴村一社农民贺洪端在水稻播种后出现了"高脚苗"和"扁根苗"。接到咨询电话的水稻专家殷述容及时赶到了现场，针对出现的病情迅速指导贺洪端实施了拔除病苗、预防再感染等防治措施，使问题很快得到了解决。

一、2009年中央一号文件主要内容

1.2009年中央一号文件提出的"两个坚决"、"两个确保"指什么？

两个坚决是指：坚决防止粮食生产滑坡，坚决防止农民收入徘徊。两个确保是指：确保农业稳定发展，确保农村社会安定。

2.2009年中央一号文件提出了三个"坚定不移"指什么？

三个"坚定不移"是指：坚定不移推进社会主义新农村建设，坚定不移走中国特色农业现代化道路，坚定不移加快形成城乡经济社会发展一体化新格局。

3. 2009年我国农业农村工作的五项任务是什么?

2009年我国农业农村工作的五项任务,一是加大对农业的支持保护力度;二是稳定发展农业生产;三是强化现代农业物质支撑和服务体系;四是稳定完善农村基本经营制度;五是推进城乡经济社会发展一体化。

4. 从哪四个方面加大对农业的支持保护力度的措施?

从四个方面加大对农业的支持保护力度:一是进一步增加农业农村投入;二是较大幅度增加农业补贴;三是保持农产品价格合理水平;四是增强农村金融服务能力。

5. 从哪五个方面稳定发展农业生产?

从以下五个方面稳定发展农业生产:一是加大力度扶持粮食生产;二是支持优势产区集中发展油料等经济作物生产;三是加快发展畜牧水产规模化标准化健康养殖;四是严格农产品质量安全全程监控;五是加强农产品进出口调控。

6. 从哪七个方面强化现代农业物质支撑和服务体系?

从以下七个方面强化现代农业物质支撑和服务体系:一是加快农业科技创新步伐;二是加快高标准农田建设;三是加强水利基础设施建设;四是加快推进农业机械化;五是推进生态重点工程建设;六是加强农产品市场体系建设;七是推进基层农业公共服务机构建设。

7. 从哪五个方面稳定完善农村基本经营制度?

从以下五个方面稳定完善农村基本经营制度:一是稳定农村土地承包关系;二是建立健全土地承包经营权流转市场;三是实行最严格的耕地保护制度和最严格的节约用地制度;四是全面推进集体林权制度改革;五是扶持农民专业合作社和龙头企业发展。

二、2010年中央一号文件主要内容

1. 2010年中央一号文件的主题是什么?

2010年中央一号文件的主题是"加大统筹城乡发展力度,进一

步夯实农业农村发展基础"。

2. 如何理解中央一号文件的主题这句话前后两部分之间的关系?

统筹城乡发展是手段,夯实农业农村发展基础是目的。要夯实的不仅仅是生产力的基础,还包括对"三农"工作作为重中之重的基本认识,稳定和完善党在农村的基本政策,突出强化农业农村的基础设施,建立健全农业社会化服务的基层体系,大力加强农村以党组织为核心的基层组织等五个方面的内容。

3. 中央一号文件提出的2010年农业农村工作的基本思路是什么?

2010年农业农村工作的基本思路是"稳粮保供给、增收惠民生、改革促统筹、强基增后劲"。稳粮保供给,就是要继续抓好粮食等主要农产品生产,保持市场稳定和价格合理水平,防止粮食生产出现滑坡。增收惠民生,就是要千方百计促进农民收入持续较快增长,努力改善农民生产生活条件。改革促统筹,就是要着力构建以工促农、以城带乡的长效机制,协调推进工业化、城镇化和农业现代化,坚决防止在统筹城乡中忽视和放松"三农"的倾向显现抬头。强基增后劲,就是要进一步加强基础建设、强化基础支撑,全面提升农业农村可持续发展能力。

4. 什么是非传统挑战?

非传统挑战指的是新出现的一些问题。现代农业的功能,如生态、旅游观光、文化传承等方面的功能越来越凸显。我国农村正处于转型期,农民外出后,既不能在城市定居,又不愿意回到农村。

5. 什么是中央一号文件在序言部分提出的五个"把"?

(1)把统筹城乡发展作为全面建设小康社会的根本要求 这与胡锦涛总书记把解决好"三农"问题作为全党工作重中之重的要求一脉相承。

(2)把改善农村民生作为调整国民收入分配格局的重要内容 城乡之间的差距不仅是居民收入的差距,更重要的体现在民生方面,包括基础设施和公共服务。所以调整国民收入分配结构,除了在一次分配中增加劳动者收入之外,很重要的一条是通过各种办法来改善农村民生。

(3)把扩大农村需求作为拉动内需的关键举措　只要农民有购买力,农村市场还可以扩大,我们的发展余地宽得很,空间大得很。

(4)把发展现代农业作为转变经济发展方式的重大任务　转变发展方式不仅仅是宏观经济和工业企业,农业也有转变发展方式问题,必须用现代农业改造传统农业,走中国特色农业现代化道路。

(5)把建设社会主义新农村和推进城镇化作为保持经济平稳较快发展的持久动力　我国城镇化的余地和空间很大;新农村建设需求也很大。新农村建设和城镇化是我国将长期存在的发展优势。只要把握好方针政策,扎扎实实向前推进,这"双轮驱动"就可以创造出巨大的投资机会和市场空间。

6. 2010年的中央一号文件突出的新措施有哪些?

(1)在推动资源要素向农村配置上有新政策　呼吁多年的农村金融服务也有新突破,农发行要开展农业开发和农村基础设施建设中长期政策性信贷业务。

(2)在改善农村民生上有很多新举措　实施新一轮农村电网改造。现在家电下乡政策支持力度进一步加大,农村用电量明显增加、用电结构发生巨大变化,原来一些负荷小、电压不稳定的线路显然已经不适应需要,这一新措施将有力拉动内需。

(3)在推进农村综合改革和基层组织建设方面推出了新机制　比如农民用"一事一议"的办法,在村内搞公益设施建设,财政给予相当的补助,干就补,不干就不补,"一事一议"财政奖补制度扩大试点规模,大大推动农村的公益事业建设。

(4)"四议两公开"制度也是加强农村基层组织建设的新探索　重大事项由村党支部提议、支委会和村委会联席会议商议、全村党员大会审议、村民代表会议或村民会议决议,以及决议公开、实施结果公开等。这一制度的实质是怎么更好地发挥党员和群众两方面的积极性,正确处理好村支委和村民委员会两委的关系。

三、国务院扶持农业的政策措施

1.《关于 2007 年农民负担检查情况和 2008 年减轻农民负担工作的意见》的通知(农经发〔2008〕5 号),建立健全减轻农民负担五项制度具体指哪些?

(1)农民负担收费文件审核制　要求省、市、县三级政府要定期对涉及农民负担的收费文件进行清理,梳理和规范向农民的收费项目、范围、标准等,该取消的取消,该降低的要降低。

(2)涉农价格和收费公示制　它是指凡是向农民收取的按照中央和省两级审批权限和程序批准的涉及农民的行政事业性收费和重要商品及服务价格,均应向社会公示。通过公示栏、公示牌等形式,向农民公开税收、价格、收费的文件依据、项目名称、征收标准、对象范围等内容。国家对农民的粮食直补等补贴补偿政策及兑付情况也要予以公示。

(3)农村公费订阅报刊限额制　它是指对乡镇、村级组织、农村中小学公费订阅报刊实行最高限额标准控制的制度,确保订阅报刊费用不突破限额。乡镇组织包括乡镇党委、政府及其有关部门,村级组织包括村和组(社),公费订阅报刊的费用都应纳入限额管理。这项制度旨在减轻基层订阅报刊的压力,严禁摊派发行。

(4)农民负担监督卡制　它是指将农民应缴纳的钱物通过农民负担监督卡或承包合同等书面形式确定下来,明确项目和数量,由农民自觉缴纳的一项制度。

(5)涉及农民负担案(事)件责任追究制　它是指把减轻农民负担工作作为考核地方各级党委、政府主要负责人工作的一项重要内容,并把考核结果与对主要负责人的奖惩挂钩,实行责任追究的制度。

2.《农业部办公厅关于进一步加强种子管理工作的紧急通知》(农明字[2010]第 45 号)对"种子执法年"有什么规定?

当前,种子品种多乱杂、未审先推、虚假广告、套牌侵权、制售假劣种子等问题仍然突出,这些问题的存在与各级农业部门与种子管理机构的执法意识淡漠、行政许可把关不严、监管不到位、执法不规范有直接关系。

农业部要求各地要按照"种子执法年"的部署和要求,切实加强对不合格种子企业清理、市场监督检查和品种管理工作,自觉做到不碍于情面降低执法标准,不搞地方保护避免执法不公,不搞形式主义不走过场。要通过种子执法年活动,坚决清理一批不合格种子企业许可证,坚决查处一批制售假劣种子的案件,坚决退出一批不适宜生产的品种,对查出的种子大案要案要严厉打击、一查到底,切实净化种子市场,维护农民利益。

3.2010年4月19日国务院常务工作会议关于《进一步扶持农业生产的政策措施》有哪些?

(1)实施冬小麦弱苗施肥、西南旱区覆膜种植和东北水稻大棚育秧补助 中央财政按每亩10元人民币的标准,对全国十一个冬小麦主产区5300万亩弱苗麦田给予补助,对云南、广西、贵州、四川、重庆五省(区、市)2500万亩玉米推广地膜覆盖技术给予补助。对黑龙江、吉林等省新建水稻育秧大棚给予补助。

(2)增加高产创建补助 中央财政在已安排6亿元高产创建专项资金的基础上,再增加5亿元。新增资金向水稻尤其是东北优质粳稻产区倾斜。

(3)继续实施油菜子临时收贮政策 收贮价格由每500克1.85元提高到1.95元。

(4)增加农机具购置补贴资金 中央财政在当年已安排145亿元农机具购置补贴资金基础上,再增加10亿元,重点支持西南和北方地区机耕机播,加快春播进度。

(5)实施新疆、内蒙古冰雪灾区牲畜饲草料补助 中央财政增加补助资金15000万元,用于组织调运饲草和饲料,解决新疆、内蒙古灾区3000万头(只)受灾牲畜安全度春短期补饲和接羔育幼需要。

(6)落实冻猪肉收储计划,加快猪肉收贮进度 适时启动对国家确定的生猪调出大县养殖户(场)能繁母猪的临时饲养补贴。

（7）充实和完善中央水利建设基金，加快建立各级政府投资稳定增长和保障机制，加强农田水利基本建设　加快大中型灌区和泵站更新改造、控制性骨干水源工程和各种节水灌溉工程建设。加大农村金融扶持力度。

4.2010年4月19日国务院常务会议原则通过的《关于促进农业机械化和农机工业又好又快发展的意见》核心是什么？

要推进技术创新、组织创新和制度创新，促进农机、农艺和农业经营方式协调发展，推进农机社会化服务体系和现代流通体系建设，提升农机工业制造水平和产品质量。加强农业机械化技术推广、农机安全使用监督管理和实用人才培养，优化农机制造产业和产品结构。各地区、各部门要落实工作责任，加强指导协调，加大财政、税收支持力度，改进金融服务，促进农业机械化和农机工业又好又快发展。

当前，我国正处于从传统农业向现代农业转变的关键时期。加快农业机械化和农机工业发展，对于提高农业装备水平，改善农业生产条件，增强农业综合生产能力，拉动农村消费需求，具有重要意义。

第三篇 土地管理与土地承包篇

一、土地管理及农用地保护

【实例解答】各地是如何严查违规占用农用地的？

2010年是国土资源部利用卫星遥感技术对全国进行全覆盖监测的第一年，也是按照《违反土地管理规定行为处分办法》落实行政问责的第一年。第九次卫星遥感执法检查对河南省18个省辖市、17个县（市）的监测结果显示，违法违规用地问题依然比较突出。从对三门峡、周口两市的例行督察情况看，违法违规用地总量偏大，违法占用耕地占新增建设占用耕地的比例分别达10.32%和11.05%；农村土地违法乱建现象严重；未报即用、未批先用、未供即用问题突出；违法用地多不符合规划且占用基本农田数量较大，农业结构调整占用耕地现象比较普遍，占用基本农田比例较高。

北京市政府2010年度第三期政府公报发布《贯彻落实国务院关于北京市土地利用总体规划批复的意见》（以下简称《意见》），该《意见》规定，今后，各区县违法占用耕地面积超15%，政府负责人将被追责。据《意见》通报，《北京市土地利用总体规划（2006—2020年）》已经国务院批准，并形成《国务院关于北京市土地利用总体规划的批复》。该《规划》与《批复》均为统筹、管控北京土地利用的纲领性文件，各区县政府须据此编制各自的土地利用总体规划。各区县土地利用总体规划出台后，执行过程中需"严控农用地转用"，所有建设项目优先用存量建设用地，如闲置地等；不占或少占农用地，特别是耕地。建设项目选址时，规划部门将征求国土部门意见，不符合土地利用总体规划和节约集约用地标准，不予批准。《意见》着重强调，各区县土地利用总体规划的实施情况、计划执行情况,由区县政府主要负责人负总责;该负责人连同区县领导班子,接受市国土局年度考核,考核结果作为对区县领导班子和干部综合考核评价的重要依据。一旦违法占用耕地面积之比超15%,政府主要领导即被追责。

1. 我国的法律对土地所有制是如何规定的?

根据《中华人民共和国宪法》规定,中华人民共和国的社会主义经济制度的基础是生产资料的社会主义公有制,即全民所有制和劳动群众集体所有制。土地作为一种重要的生产资料,是属于国家所有或者劳动群众集体所有的。其他法律对此也做了相应的规定。《土地管理法》第二条规定:"中华人民共和国实行土地的社会主义公有制,即全民所有制和劳动群众集体所有制。"因此在我国,不存在私人所有的土地。

2. 哪些土地属于国家所有?

《中华人民共和国宪法》第十条规定:"城市的土地属于国家所有。"《土地管理法》第八条规定:"城市市区的土地属于国家所有。"《物权法》第四十七条规定:"城市的土地,属于国家所有。法律规定属于国家所有的农村和城市郊区的土地,属于国家所有。"

根据《土地管理法实施条例》的规定,下列土地均属于国家所有:(1)城市市区的土地;(2)农村和城市郊区中已经依法没收、征收、征购为国有的土地;(3)国家依法征用的土地;(4)依法不属于集体所有的林地、草地、荒地、滩涂及其他土地;(5)农村集体经济组织全部成员转为城镇居民的,原属于其成员集体所有的土地;(6)因国家组织移民、自然灾害等原因,农民成建制地集体迁移后不再使用的原属于迁移农民集体所有的土地。

国家所有土地的所有权由国务院代表国家行使,其他任何单位和个人不得侵占、买卖或者以其他形式非法转让土地。

3. 哪些土地属于农民集体所有?

根据《中华人民共和国宪法》、《土地管理法》规定,农村和城市郊区的土地,除由法律规定属于国家所有的以外,属于集体所有;

宅基地和自留地、自留山，也属于集体所有。农民集体所有的土地，由土地所有者向土地所在地的县级人民政府土地行政主管部门提出土地登记申请，由县级人民政府登记造册，核发集体土地所有权证书，确认所有权。

对于农民集体所有的土地，依据下列规定行使所有权：（1）属于村农民集体所有的，由村集体经济组织或者村民委员会代表集体行使所有权；（2）分别属于村内两个以上农民集体所有的，由村内各该集体经济组织或者村民小组代表集体行使所有权；（3）属于乡镇农民集体所有的，由乡镇集体经济组织代表集体行使所有权。

4. 我国实行哪些耕地保护措施？

根据《土地管理法》规定，十分珍惜、合理利用土地和切实保护耕地是我国的一项基本国策，我国对耕地实行特殊保护的政策。主要包括以下内容：

（1）严格控制耕地转为非耕地。

（2）实行占用耕地补偿制度 《土地管理法》规定，占用耕地的单位负责开垦与所占用耕地的数量和质量相当的耕地，没有条件开垦或者开垦的耕地不符合要求的，应当按照省、自治区、直辖市的规定缴纳耕地开垦费，专款用于开垦新的耕地。

（3）制定开垦计划，监督土地开垦质量 《土地管理法》规定，省、自治区、直辖市人民政府应当制定开垦耕地计划，监督占用耕地的单位按照计划开垦耕地或者按照计划组织开垦耕地，并进行验收。县级以上地方人民政府可以要求占用耕地的单位将所占用耕地耕作层的土壤用于新开垦耕地、劣质地或者其他耕地的土壤改良。

（4）实行基本农田保护制度 《土地管理法》规定，各省、自治区、直辖市划定的基本农田应当占本行政区域内耕地的80%以上。基本农田保护区以乡镇为单位划区定界，由县级人民政府土地行政主管部门会同同级农业行政主管部门组织实施。

（5）改良土壤，提高地力 《土地管理法》规定，各级人民政府应当采取措施，维护排灌工程设施，改良土壤，提高地力，防止土地荒漠化、盐渍化、水土流失和污染土地。

（6）节约利用土地，禁止闲置荒芜耕地 《土地管理法》规定，非农业建设必须节约使用土地，可以利用荒地的，不得占用耕地；可以利用劣地的，不得占用好地。禁止占用耕地建窑、建坟或者擅自在耕地上建房、挖沙、采石、采矿、取土等。禁止任何单位和个人闲置、荒芜耕地。已经办理审批手续的非农业建设占用耕地，一年内不用而又可以耕种并收获的，应当由原耕种该幅耕地的集体或者个人恢复耕种，也可以由用地单位组织耕种；一年以上未动工建设的，应当按照省、自治区、直辖市的规定缴纳闲置费；连续两年未使用的，经原批准机关批准，由县级以上人民政府无偿收回用地单位的土地使用权；该幅土地原为农民集体所有的，应当交由原农村集体经济组织恢复耕种。承包经营耕地的单位或者个人连续两年弃耕抛荒的，原发包单位应当终止承包合同，收回发包的耕地。

5.什么是基本农田和基本农田保护区？

所谓基本农田，是指按照一定时期人口和社会经济发展对农产品的需求，依据土地利用总体规划确定的不得占用的耕地。

所谓基本农田保护区，是指为对基本农田实行特殊保护而依据土地利用总体规划和依照法定程序确定的特定保护区域。

6.哪些耕地属于基本农田？

根据《土地管理法》和《基本农田保护条例》的规定，下列耕地应当划入基本农田保护区，严格管理：

（1）经国务院有关主管部门或县级以上地方人民政府批准确定的粮、棉、油生产基地内的耕地；

（2）有良好的水利与水土保持设施的耕地，正在实施改造计划以及可以改造的中、低产田；

（3）蔬菜生产基地；

（4）农业科研、教学试验田；

（5）根据土地利用总体规划，铁路、公路等交通沿线，城市和村庄、集镇建设用地区周边的耕地；

(6)国务院规定应当划入基本农田保护区的其他耕地。

7.我国对基本农田采取哪些保护措施?

根据《基本农田保护条例》的规定,我国对基本农田保护实行全面规划、合理利用、用养结合、严格保护的方针。主要包括以下内容:

(1)基本农田数量不减少　基本农田保护区经依法划定后,地方各级人民政府应当采取措施,确保土地利用总体规划确定的本行政区域内基本农田的数量不减少。

(2)不得改变或者占用基本农田　基本农田保护区经依法划定后,任何单位和个人不得改变或者占用。能源、交通、水利、军事设施等重点建设项目选址确实无法避开基本农田保护区,需要占用基本农田,涉及农用地转用或者征用土地的,必须经国务院批准。

(3)实行占用补偿制度　经国务院批准占用基本农田的,当地人民政府应当按照国务院的批准文件修改土地利用总体规划,并补充划入数量和质量相当的基本农田。占用单位应当按照占多少、垦多少的原则,负责开垦与所占基本农田的数量与质量相当的耕地;没有条件开垦或者开垦的耕地不符合要求的,应当按照省、自治区、直辖市的规定缴纳耕地开垦费,专款用于开垦新的耕地。占用基本农田的单位应当按照县级以上地方人民政府的要求,将所占用基本农田耕作层的土壤用于新开垦耕地、劣质地或者其他耕地的土壤良。

(4)禁止任何破坏基本农田的活动　禁止任何单位和个人在基本农田保护区内建窑、建房、建坟、挖砂采石、采矿、取土、堆放固体废弃物或者进行其他破坏基本农田的活动。禁止任何单位和个人占用基本农田发展林果业和挖塘养鱼。

(5)禁止闲置、荒芜基本农田　经国务院批准的重点建设项目占用基本农田的,满一年不使用而又可以耕种并收获的,应当由原耕种该幅基本农田的集体或者个人恢复耕种,也可以由用地单位组织耕种;一年以上未动工建设的,应当按照省、自治区、直辖市的规定缴纳闲置费;连续两年未使用的,经国务院批准,由县级以上人民政府无偿收回用地单位的土地使用权;该幅土地原为农民集体所有的,应当交由原农村集体经济组织恢复耕种,重新划入基本农田保护区。承包经营基本农田的单位或者个人连续两年弃耕抛荒的,原发包单位应当终止承包合同,收回发包的基本农田。

(6)鼓励对基本农田保持和培肥地力 国家提倡和鼓励农业生产者对其经营的基本农田施用有机肥料,合理施用化肥和农药。利用基本农田从事农业生产的单位和个人应当保持和培肥地力。县级人民政府应当根据当地实际情况制定基本农田地力分等定级办法,由农业行政主管部门会同土地行政主管部门组织实施,对基本农田地力分等定级,并建立档案。农村集体经济组织或者村民委员会应当定期评定基本农田地力等级。县级以上地方各级人民政府农业行政主管部门应当逐步建立基本农田地力与施肥效益长期定位监测网点,定期向本级人民政府提出基本农田地力变化状况报告以及相应的地力保护措施,并为农业生产者提供施肥指导服务。向基本农田保护区提供肥料和作为肥料的城市垃圾、污泥的,应当符合国家有关标准等等。

8.农民集体所有的土地是否可以进行建设?

根据《土地管理法》规定,我国将土地分为农用地、建设用地和未利用地。所谓农用地是指直接用于农业生产的土地,包括耕地、林地、草地、农田水利用地、养殖水面等。建设用地是指建造建筑物、构筑物的土地,包括城乡住宅和公共设施用地、工矿用地、交通水利设施用地、旅游用地、军事设施用地等。未利用地是指农用地和建设用地以外的土地。

农民集体所有的土地主要是农用地,一般不得进行建设。但兴办乡镇企业或农民自建住宅等法定情形除外。《土地管理法》第43条规定:"任何单位和个人进行建设,需要使用土地的,必须依法申请使用国有土地;但是,兴办乡镇企业和村民建设住宅经依法批准使用本集体经济组织农民集体所有的土地的,或者乡(镇)村公共设施和公益事业建设经依法批准使用农民集体所有的土地的除外。"

9.农用地转变为建设用地是否需要审批？

根据《土地管理法》规定,农民集体所有的土地,由农用地转为建设用地,需要依法经过审批,包括下面几种情况：

(1)省、自治区、直辖市人民政府批准的道路、管线工程和大型基础设施建设项目、国务院批准的建设项目占用土地,涉及农用地转为建设用地的,由国务院批准。

(2)在土地利用总体规划确定的城市和村庄、集镇建设用地规模范围内,为实施该规划而将农用地转为建设用地的,按土地利用年度计划分批次由原批准土地利用总体规划的机关批准。在已批准的农用地转用范围内,具体建设项目用地可以由市、县人民政府批准。

(3)其他建设项目占用土地,涉及农用地转为建设用地的,由省、自治区、直辖市人民政府批准。

为了更好地保护农业用地,防止一些地方违规将农用地变为建设用地,2004年,国务院发布《关于深化改革严格土地管理的决定》,进一步明确要求各地要严格依照法定权限审批土地。农用地转用和土地征收的审批权在国务院和省、自治区、直辖市人民政府,各省、自治区、直辖市人民政府不得违反法律和行政法规的规定下放土地审批权。严禁规避法定审批权限,将单个建设项目用地拆分审批。

二、宅基地使用权

【实例解答】城市居民能购买农民房屋吗？

2002年7月1日,原告李某某与被告马某某签订了房屋买卖协议,双方约定马某某以45000元的价格将位于北京市通州区宋庄镇辛店村的正房五间、厢房3间及院落出售给李某某。当天李某某交清了房款,马某某交付了房屋。李某某对该房屋进行了装修,添加了卫生间等附属设施,新建了3间西厢房。2009年6月马某某诉至通州区人民法院要求确认其与李某某签订的房屋买卖协议无效,李某某腾退房屋。法院经审理后,以双方签订的合同违反法律、行政法规的强制性规定为由,判决买卖合同无效,李某某将房屋返还给马某某,马某某给付李某某补偿款93300元。李某某不服,向北京市第二中级人民法院提起上诉。

上诉法院审理后认为:李某某与马某某所签订的房屋买卖合同被法院确认无效后,双方应按照各自的过错程度承担相应的责任。马某某作为出卖人在出卖时即明知其所出卖的房屋及宅基地属于我国法律禁止流转范围,其在出卖房屋多年后又以违法出售房屋为由主张合同无效,故其应对合同无效承担主要责任,判决马某某赔偿原告李某某损失185290元。

1. 农民的宅基地归谁所有?

根据《中华人民共和国宪法》第十条第二款规定:"农村和城市郊区的土地,除由法律规定属于国家所有的以外,属于集体所有;宅基地和自留地、自留山,也属于集体所有"。《土地管理法》对此也做了相同的规定。根据《物权法》规定,宅基地使用权人依法对集体所有的土地享有占有和使用的权利,有权依法利用该土地建造住宅及其附属设施。因此,农民的宅基地由农村集体经济组织享有所有权,使用人对其只享有使用权。

2. 如何申请宅基地?

根据《土地管理法》第六十二条规定,农村村民建住宅,应当符合乡(镇)土地利用总体规划,并尽量使用原有的宅基地和村内空闲地。农村村民住宅用地,经乡(镇)人民政府审核,由县级人民政府批准;其中,涉及占用农用地的,依照本法第四十四条的规定办理审批手续。

另外,根据国土资源部《关于加强农村宅基地管理的意见》的规定,农村村民建住宅需要使用宅基地的,应向本集体经济组织提出申请,并在本集体经济组织或村民小组张榜公布。公布期满无异议的,报经乡(镇)审核后,报县(市)审批。经依法批准的宅基地,农村集体经济组织或村民小组应及时将审批结果张榜公布。

3. 农民一户可以拥有几处宅基地？

根据《土地管理法》第六十二条规定，农村村民一户只能拥有一处宅基地。

2004年国土资源部发布的《关于加强农村宅基地管理的意见》明确要求，要严格宅基地申请条件。坚决贯彻"一户一宅"的法律规定，农村村民一户只能拥有一处宅基地。另外，国土资源部在《关于进一步加快宅基地使用权登记发证工作的通知》中指出，各地应严格落实农村村民一户只能拥有一处宅基地的法律规定。除继承外，农村村民一户申请第二宗宅基地使用权登记的，不予受理。

4. 农民宅基地有面积限制吗？

根据《土地管理法》第六十二条规定，农村村民不仅一户只能拥有一处宅基地，而且宅基地的面积也不得超过省、自治区、直辖市规定的标准。2004年国土资源部发布的《关于加强农村宅基地管理的意见》也做了同样的规定。对于一部分农民宅基地面积超标的情况，国土资源部在《关于进一步加快宅基地使用权登记发证工作的通知》中要求，在办理宅基地登记时区分三种情况处理：

（1）1982年《村镇建房用地管理条例》实施前，农村村民建房占用的宅基地，在《村镇建房用地管理条例》实施后至今未扩大用地面积的，可以按现有实际使用面积进行登记。

（2）1982年《村镇建房用地管理条例》实施起至1987年《中华人民共和国土地管理法》实施时止，农村村民建房占用的宅基地，超过当地规定的面积标准的，超过部分按当时国家和地方有关规定处理后，可以按实际使用面积进行登记。

（3）1987年《中华人民共和国土地管理法》实施后，农村村民建房占用的宅基地，超过当地规定的面积标准的，按照实际批准面积进行登记。其面积超过各地规定标准的，可在土地登记簿和土地权利证书记事栏内注明超过标准的面积，待以后分户建房或现有房屋拆迁、改建、翻建、政府依法实施规划重新建设时，按有关规定作出处理,并按照各地规定的面积标准重新进行登记。

5.农民可以将其自建房卖给城里人吗?

《土地管理法》第六十二条规定,农村村民出卖、出租住房后,再申请宅基地的,不予批准。

2004年,国务院制定《关于深化改革严格土地管理的决定》指出,要加强农村宅基地管理,禁止城镇居民在农村购置宅基地。国务院办公厅《关于严格执行有关农村集体建设用地法律和政策的通知》中要求,农村住宅用地只能分配给本村村民,城镇居民不得到农村购买宅基地、农民住宅或"小产权房"。

国土资源部《关于加强农村宅基地管理的意见》规定,严禁城镇居民在农村购置宅基地,严禁为城镇居民在农村购买和违法建造的住宅发放土地使用证。农村村民将原有住房出卖、出租或赠与他人后,再申请宅基地的,不得批准。另外,国土资源部在《关于进一步加快宅基地使用权登记发证工作的通知》中指出,对城镇居民在农村购买和违法建造住宅申请宅基地使用权登记的,不予受理。

因此,城镇居民是不得在农村购买农民房屋的。

三、农村土地承包经营权

【实例解答】北京市通州区如何做好农村土地承包经营权流转工作?

北京市通州区人民政府,采取各种手段,积极促进土地承包经营权流转工作。

方法一:开通农村土地流转信息平台。土地流转信息平台是通州区落实《农村土地承包法》,适应行政手段退出流转行为后转变政府职能的重要举措。2006年,通州区在全市率先搭建了土地流转信息平台,即"通州区农村土地流转信息平台"。3年来,信息平台多次升级,服务内容从最初的"政策宣传、经验介绍、转出信息、转入信息"四个板块增加了流转规程、合同范本、意见和建议、政策法规等多个项目。

方法二：建立农村土地流转指导价格评估机制。2009年初，通州区在北京市率先探索和建立了农村承包土地指导价格评估机制，为土地流转方和需求方提供价格指导服务。2009年8月11日，该区已经完成了全区各乡镇土地指导价格的评估工作，该机制确保了农户和土地需求方的合法权益，提高了土地的流转率。

方法三：建立农村土地流转管理服务中心。通州区于2009年9月23日成立了北京市首家农村土地流转信息服务中心——于家务乡土地流转管理服务中心。该中心分别设置了"咨询指导"、"受理登记"、"合同签订"三个服务窗口及一个"流转合同纠纷调解室"。

方法四：实行土地竞价流转。通州区借鉴拍卖竞价机制，创新性地将竞价流转引入到农村土地流转实际工作中，为土地流转探索出一条新的途径。

方法五：建立合同规范管理机制。通州区不断加强对农村土地承包、流转等合同的管理，并且实现了合同管理工作的制度化、规范化和科学化。

方法六：完善矛盾调处机制。乡镇、村建立了两级土地承包及流转纠纷的调处组织：村级建立土地承包纠纷调解小组；乡镇建立了由农业、经管、信访等部门参加的土地承包纠纷调解委员会，切实承担起调解农村承包土地纠纷的责任。

方法七：政策扶持机制。区政府制定了较完善的配套政策，促进了该区土地流转工作健康、规范、有序进行。

1. 什么是农村土地承包经营权？

土地承包经营权是指土地承包经营权人对其承包经营的耕地、林地、草地等农村土地，在法定期限内享有占有、使用和收益的权利。

土地承包经营权具有以下特点：(1)土地承包经营权的主体包括农村集体经济组织内部成员以及农村集体经济组织以外的人；(2)土地承包经营权的客体是农村土地，即农民集体所有和国家所有但依法由农民集体使用的耕地、林地、草地以及其他用于农业的土地。(3)土地承包经营权的目的是从事种植业、养殖业、畜牧业等农业生产,承包人不得将承包地用于非农建设。

《中华人民共和国宪法》首先强调,农村集体经济组织实行家庭承包经营为基础、统分结合的双层经营体制。《物权法》也进一步规定,农村集体经济组织实行家庭承包经营为基础、统分结合的双层经营体制。农民集体所有和国家所有由农民集体使用的耕地、林地、草地以及其他用于农业的土地,依法实行土地承包经营制度。2002年8月29日,第九届全国人大常委会第二十九次会议通过了《中华人民共和国农村土地承包法》,这是我国关于农村土地承包制度的第一部专门立法。

2. 承包人何时取得土地承包经营权?

在承包活动中,不论是家庭承包还是采取招标、拍卖、公开协商等方式承包,都应当签订土地承包合同,承包人自承包合同生效时取得土地承包经营权,土地承包经营权证只是对承包人取得的土地承包经营权的确认。对此,《物权法》规定,土地承包经营权自土地承包经营权合同生效时设立。县级以上地方人民政府应当向土地承包经营权人发放土地承包经营权证、林权证、草原使用权证,并登记造册确认土地承包经营权。《农村土地承包法》也规定承包合同自成立之日起生效。承包方自承包合同生效时取得土地承包经营权。

3. 农村土地承包有哪些方式?

农村土地承包可以采用两种方式:
(1)家庭承包;
(2)招标、拍卖、公开协商等方式承包。

《农村土地承包法》第三条第二款规定,农村土地承包采取农村集体经济组织内部家庭承包方式,不宜采取家庭承包方式的荒山、荒沟、荒坡、荒滩等农村土地,可以采用招标、拍卖、公开协商等方式承包。

家庭承包体现了公平性,只有本集体经济组织内部成员,即本村村民可以参加,并且人人有份,承包的土地主要是耕地、林地、草地。而招标、拍卖、公开协商等承包方式,主要针对"四荒地",本集体经济组织成员可以参加,集体经济组织以外的人员也可以参加,但在同等条件下,本集体经济组织成员享有优先承包权。

4.哪些部门负责管理农村土地承包工作?

《农村土地承包法》规定,国务院农业、林业行政主管部门分别依照国务院规定的职责负责全国农村土地承包及承包合同管理的指导。县级以上地方人民政府农业、林业等行政主管部门分别依照各自职责,负责本行政区域内农村土地承包及承包合同管理。乡(镇)人民政府负责本行政区域内农村土地承包及承包合同管理。

5.谁是农村土地承包工作的发包方?

根据《农村土地承包法》第十二条规定,确定发包方有以下几种情况:

(1)农民集体所有的土地依法属于村农民集体所有的,由村集体经济组织或者村民委员会发包。

(2)分别属于村内两个以上农村集体经济组织的农民集体所有的土地,由村内各该农村集体经济组织或者村民小组发包。

(3)国家所有依法由农民集体使用的农村土地,由使用该土地的农村集体经济组织、村民委员会或者村民小组发包。

6.家庭承包中,发包方享有哪些权利,应当履行哪些义务?

根据《农村土地承包法》第十三条规定,在家庭承包中,发包方享有下列权利:

(1)发包本集体所有的或者国家所有依法由本集体使用的农村土地;

(2)监督承包方依照承包合同约定的用途合理利用和保护土地;

(3)制止承包方损害承包地和农业资源的行为;

(4)法律、行政法规规定的其他权利。

另外,《农村土地承包法》也规定,发包方需要承担以下义务:

(1)维护承包方的土地承包经营权,不得非法变更、解除承包

合同;

(2)尊重承包方的生产经营自主权,不得干涉承包方依法进行正常的生产经营活动;

(3)依照承包合同约定为承包方提供生产、技术、信息等服务;

(4)执行县、乡(镇)土地利用总体规划,组织本集体经济组织内的农业基础设施建设;

(5)法律、行政法规规定的其他义务。

7.家庭承包中,承包方享有哪些权利,应当履行哪些义务?

根据《农村土地承包法》第十六条规定,承包方享有下列权利:

(1)依法享有承包地使用、收益和土地承包经营权流转的权利,有权自主组织生产经营和处置产品;

(2)承包地被依法征用、占用的,有权依法获得相应的补偿;

(3)法律、行政法规规定的其他权利;

另外,承包方应该承担下列义务:

(1)维持土地的农业用途,不得用于非农建设;

(2)依法保护和合理利用土地,不得给土地造成永久性损害;

(3)法律、行政法规规定的其他义务。

8.家庭承包应当遵循哪些原则?

根据《农村土地承包法》第十八条规定,土地承包应当遵循以下原则:

(1)平等行使承包土地的权利。根据农村土地承包法的规定,集体经济组织成员平等地享有土地承包经营的权利,集体经济组织不得以任何理由剥夺农民的承包经营权。

(2)民主协商、公平合理。家庭承包必须尊重集体经济组织成员的意愿,充分发扬民主,广泛协商,公平地保护每个成员的承包权利。

(3)承包方案依法经本集体经济组织成员的村民会议2/3以上成员或者2/3以上村民代表同意。

(4)承包程序符合法律规定。《农村土地承包法》明确规定了土地承包的程序,发包方应当按照法定程序进行承包工作。

9.应当按照哪些程序进行土地承包?

根据《农村土地承包法》第十九条规定,土地承包应当按照下列程序进行:

(1)本集体经济组织成员的村民会议选举产生承包工作小组。

(2)承包工作小组依照法律、法规的规定拟订并公布承包方案。土地承包经营权属于用益物权,根据物权法定的原则,土地承包经营权的设立、内容、期限等都要符合法律规定。

(3)依法召开本集体经济组织成员的村民会议,讨论通过承包方案。根据《农村土地承包法》的要求,承包方案依法经本集体经济组织成员的村民会议2/3以上成员或者2/3以上村民代表同意。

(4)公开组织实施承包方案。

(5)签订承包合同。

10.农村土地承包经营期限有多长?

根据《农村土地承包法》第二十条规定,耕地的承包期为30年。草地的承包期为30～50年。林地的承包期为30～70年;特殊林木的林地承包期,经国务院林业行政主管部门批准可以延长。为了稳定土地承包关系,更好地保护承包人的承包经营权,《农村土地承包法》明确规定了承包期限,发包方不得通过承包合同与承包方约定缩短承包期限。前款规定的承包期届满,由土地承包经营权人按照国家有关规定继续承包。

11.土地承包合同应当采用哪种形式,具备哪些内容?

根据《农村土地承包法》第二十一条规定,土地承包合同应当采用书面形式,应当具备下列条款:

(1)发包方、承包方的名称,发包方负责人和承包方代表的姓名、住所;

(2)承包土地的名称、坐落、面积、质量等级;

(3)承包期限和起止日期;

(4)承包土地的用途;

(5)发包方和承包方的权利和义务；

(6)违约责任。

承包合同自成立之日起生效,承包方自承包合同生效时取得土地承包经营权。承包合同生效后,对双方当事人具有法律约束力,任何一方都不得违反合同约定的内容。即使发包方的承办人或负责人发生变动,或者农村集体经济组织发生重大变更,例如分立或合并,发包方也不得因此而变更或解除承包合同。

12.承包期内,发包方能否收回承包地？

《物权法》第一百三十一条规定,承包期内发包方不得收回承包地,农村土地承包法等法律另有规定的,依照其规定。根据《农村土地承包法》第二十六条规定,承包期内,发包方不得收回承包地。承包期内,如果承包方全家迁入小城镇落户的,应当按照承包方的意愿,保留其土地承包经营权或者允许其依法进行土地承包经营权流转。承包期内,承包方全家迁入设区的市,转为非农业户口的,应当将承包的耕地和草地交回发包方。承包方不交回的,发包方可以收回承包的耕地和草地。因此,在承包期内,发包方只有在法定情形下,即承包方全家迁入设区的市,转为非农业户口,才可以依法收回承包地。收回承包地时,对于承包方在承包地上投入而提高土地生产能力的,发包方应当给予相应的补偿。

另外,在承包期内,发包方不得单方面解除承包合同,不得假借少数服从多数强迫承包方变更或放弃承包经营权,不得以划分"口粮田"、"责任田"等为由收回承包地搞招标承包,不得将承包地收回折抵欠款。

13.承包期内,发包方能否调整承包地？

承包期内,发包方不得调整承包地。《物权法》第一百三十条规定,承包期内发包方不得调整承包地。因自然灾害严重毁损承包地等特殊情形,需要适当调整承包的耕地和草地的,应当依照农村土地承包法等法律规定办理。根据《农村土地承包法》第二十七条规定,承包期内,发包方不得调整承包地。承包期内,因自然灾害严重毁损承包地等特殊情形对个别农户之间承包的耕地和草地需要适当调整的,必须经本集体经济组织成员的村民会议2/3以上成员或者2/3以上村民代表的同意,并报乡(镇)人民政府和县级人民政府农业等行政主管部门批准。承包合同中约定不得调整的,按照其约定。因此,在承包期内,除法定情形外,发包方不得对承包地进行调整。

14.哪些土地可以用来调整承包地或承包给新增人口?

根据《农村土地承包法》第二十八条规定,如果由于法定情形确需调整承包地或者需要对新增人口给予承包地的,只能使用下列土地:

(1)集体经济组织依法预留的机动地。《农村土地承包法》要求,本法实施前已经预留机动地的,机动地面积不得超过本集体经济组织耕地总面积的5%。不足5%的,不得再增加机动地。本法实施前未留机动地的,本法实施后不得再留机动地。

(2)通过依法开垦等方式增加的土地。

(3)承包方依法自愿交回的土地。承包期内,承包方可以自愿交回承包地,承包方自愿交回承包地,应当提前半年以书面形式通知发包方。承包方在承包期内交回承包地的,在承包期内不得再要求承包土地。

15.如何保护妇女的土地承包经营权?

根据《农村土地承包法》明确规定,农村土地承包,妇女与男子享有平等的权利。承包中应当保护妇女的合法权益,任何组织和个人不得剥夺、侵害妇女应当享有的土地承包经营权。承包期内,妇女结婚,在新居住地未取得承包地的,发包方不得收回其原承包地;妇女离婚或者丧偶,仍在原居住地生活或者不在原居住地生活但在新居住地未取得承包地的,发包方不得收回其原承包地。

16.承包期内,承包人死亡,其土地承包经营权是否可以继承?

根据《农村土地承包法》第三十一条规定,在承包期内,如果家庭承包的承包人死亡,承包人应得的承包收益,由其继承人依照继承法的规定继承。林地承包的承包人死亡,其继承人可以在承包期内继续承包。

17.家庭承包经营权是否可以流转？谁享有承包经营权流转的决定权？

根据《农村土地承包法》第三十二条规定,通过家庭承包取得的土地承包经营权可以依法采取转包、出租、互换、转让或者其他方式流转。

土地承包经营权流转的主体是承包方,承包方有权依法自主决定土地承包经营权是否流转和流转的方式。土地承包经营权流转的转包费、租金、转让费等,应当由当事人双方协商确定。流转的收益归承包方所有,任何组织和个人不得擅自截留、扣缴。

18.土地承包经营权流转应当遵循哪些原则？

根据《农村土地承包法》第三十三条规定,土地承包经营权流转应当遵循以下原则：

(1)平等协商、自愿、有偿,任何组织和个人不得强迫或者阻碍承包方进行土地承包经营权流转；

(2)不得改变土地所有权的性质和土地的农业用途；

(3)流转的期限不得超过承包期的剩余期限；

(4)受让方必须有农业经营能力；

(5)在同等条件下,本集体经济组织成员享有优先权。

19.承包方如何进行土地承包经营权流转？

土地承包经营权采取转包、出租、互换、转让或其他方式流转,当事人双方应当签订书面合同。采取转让方式流转的,应当经发包方同意；采取转包、出租、互换或其他方式流转的,应当报发包方备案。土地承包经营权采取互换、转让方式流转,当事人要求登记的,应当向县级以上地方人民政府申请登记。未经登记,不得对抗善意第三人。

20.土地承包经营权流转合同应当具备哪些内容？

根据《农村土地承包法》第三十七条规定,土地承包经营权流

转合同应当采用书面形式,主要包括以下内容:

(1)双方当事人的姓名、住所;

(2)流转土地的名称、坐落、面积、质量等级;

(3)流转的期限和起止日期;

(4)流转土地的用途;

(5)双方当事人的权利和义务;

(6)流转价款及支付方式;

(7)违约责任。

21.承包方可以随意转让土地承包经营权吗?

根据《农村土地承包法》第四十一条规定,承包方是不得随意转让土地承包经营权的。承包方有稳定的非农职业或者有稳定的收入来源的,经发包方同意,可以将全部或部分土地承包经营权转让给其他从事农业生产经营的农户,由该农户同发包方确立新的承包关系,原承包方与发包方在该土地上的承包关系即行终止。

22.荒山、荒沟、荒丘、荒滩等荒地,如何进行承包?

根据《农村土地承包法》规定,不宜采取家庭承包方式的荒山、荒沟、荒丘、荒滩等农村土地,应当通过招标、拍卖、公开协商等方式承包。

以其他方式承包农村土地的,应当签订承包合同。当事人的权利和义务、承包期限等,由双方协商确定。以招标、拍卖方式承包的,承包费通过公开竞标、竞价确定;以公开协商等方式承包的,承包费由双方议定。

荒山、荒沟、荒丘、荒滩等可以直接通过招标、拍卖、公开协商等方式实行承包经营,也可以将土地承包经营权折股分给本集体经济组织成员后,再实行承包经营或者股份合作经营。

承包荒山、荒沟、荒丘、荒滩的,应当遵守有关法律、行政法规的规定,防止水土流失,保护生态环境。

发包方将农村土地发包给本集体经济组织以外的单位或者个人承包,应当事先经本集体经济组织成员的村民会议 2/3 以上成员或者2/3以上村民代表的同意,并报乡(镇)人民政府批准。

由本集体经济组织以外的单位或者个人承包的,应当对承包方的资信情况和经营能力进行审查后,再签订承包合同。

23.通过招标、拍卖、公开协商等方式取得的土地承包经营权是否可以流转?

根据《农村土地承包法》第四十九条规定,通过招标、拍卖、公开协商等方式承包农村土地,经依法登记取得土地承包经营权证或者林权证等证书的,其土地承包经营权可以依法采取转让、出租、入股、抵押或者其他方式流转。

24.承包人死亡后,其通过招标、拍卖、公开协商等方式取得的土地承包经营权是否可以继承?

根据《农村土地承包法》第四十九条规定,土地承包经营权通过招标、拍卖、公开协商等方式取得的,该承包人死亡,其应得的承包收益,依照继承法的规定继承;在承包期内,其继承人可以继续承包。

四、农用地征收及安置、补偿

【实例解答】农民因首都机场扩建状告政府征地案是如何结案的?

2003年8月30日,国家发展和改革委员会批准首都机场扩建工程建设项目。2004年4月27日,经国务院批准,中华人民共和国国土资源部、北京市人民政府批复,首都机场集团公司征用顺义区后沙峪、南法信、仁和、天竺、李桥等乡镇的土地1112余公顷。根据《土地管理法》的有关规定,征用土地方案被批准后,由被征土地所在地的市、县人民政府组织实施。李某承包的集体土地位于首都机场扩建工程征地范围内。征地开始后,因相关部门未满足李某安置工作的请求,李某在申请自谋职业时又超过了政府部门规定的申请期限,致使李某的安置未得到落实。李某便以区政府的征地行为违法为由向一审法院提起行政诉讼。一审法院经审理确认,该区政府组织实施首都机场扩建工程征用李某土地所在镇村集体土地行为合法。判决后,李某不服上诉到北京市第二中级人民法院。

法官一方面对李某进行细致的思想工作,另一方面又及时与区政府沟通,讲明做好安置征地农民促进社会稳定的重要性,又与区政府法制办公室勾通,该部门接受法院建议,牵头协助做安置工作。

最终,在各政府部门的积极配合下,李某的安置问题得以圆满解决。经二中院与政府部门协调,有效化解了一起政府与被征地农民间的行政争议。李某对法院急当事人所急的工作态度表示钦佩和感谢,并撤回了上诉。

1. 农村土地能否被征收?

农村土地属于农民集体所有,但在法定情况下,国家有权对农民集体所有的土地进行征收。首先,《中华人民共和国宪法》第十条第三款规定,国家为了公共利益的需要,可以依法对土地实行征收或者征用并给予补偿。此外,《物权法》、《土地管理法》也做了同样的规定。

2. 征收土地是否需要经过审批?

根据《土地管理法》第四十五条规定,征收农民集体所有的土地应当依法经过审批。征收下列土地,应当经国务院审批:

(1) 基本农田;
(2) 基本农田以外的耕地超过35公顷的;
(3) 其他土地超过70公顷的。

征收前款规定以外的土地的,由省、自治区、直辖市人民政府批准,并报国务院备案。征收农用地的,应当依法先行办理农用地转用审批。其中经国务院批准农用地转用的,同时办理征地审批手续,不再另行办理征地审批。经省、自治区、直辖市人民政府在征地批准权限内批准农用地转用的,同时办理征地审批手续,不再另行办理征地审批;超过征地批准权限的,应当依法另行办理征地审批。

3. 征收农民集体所有的土地如何进行补偿?

征收农民集体所有的土地应当依法进行补偿。《中华人民共和国宪法》第十条规定,国家为了公共利益的需要,可以依法对土地实行征收或者征用并给予补偿。《物权法》第四十二条第二款规定,征收集体所有的土地,应当依法足额支付土地补偿费、安置补助费、地上附着物和青苗的补偿费等费用,安排被征地农民的社会保障费用,保障被征地农民的生活,维护被征地农民的合法权益。

《土地管理法》对于补偿的项目也做了进一步的规定,《土地管理法》明确要求,征收土地的,按照被征收土地的原用途给予补偿。

征收耕地的补偿费用包括土地补偿费、安置补助费以及地上附着物和青苗的补偿费。征收耕地的土地补偿费,为该耕地被征收前3年平均年产值的6~10倍。征收耕地的安置补助费,按照需要安置的农业人口数计算。需要安置的农业人口数,按照被征收的耕地数量除以征地前被征收单位平均每人占有耕地的数量计算。每一个需要安置的农业人口的安置补助费标准,为该耕地被征收前3年平均年产值的4~6倍。但是,每公顷被征收耕地的安置补助费,最高不得超过被征收前3年平均年产值的15倍。

征收其他土地的土地补偿费和安置补助费标准,由省、自治区、直辖市参照征收耕地的土地补偿费和安置补助费的标准规定。

征收土地上的附着物和青苗的补偿标准,由省、自治区、直辖市规定。

征收城市郊区的菜地,用地单位应当按照国家有关规定缴纳新菜地开发建设基金。

依法支付土地补偿费和安置补助费,尚不能使需要安置的农民保持原有生活水平的,经省、自治区、直辖市人民政府批准,可以增加安置补助费。但是,土地补偿费和安置补助费的总和不得超过土地被征收前3年平均年产值的30倍。

国务院根据社会、经济发展水平,在特殊情况下,可以提高征收耕地的土地补偿费和安置补助费的标准。

4. 征地补偿款如何分配?

根据《土地管理法》第四十九条第二款规定,禁止侵占、挪用被征用土地单位的征地补偿费用和其他有关费用。对此,《土地管理法实施条例》规定,土地补偿费归农村集体经济组织所有;地上附着物及青苗补偿费归地上附着物及青苗的所有者所有。征用土地的安置补助费必须专款专用,不得挪作他用。需要安置的人员由农村集体经济组织安置的,安置补助费支付给农村集体经济组织,由农村集体经济组织管理和使用;由其他单位安置的,安置补助费支付给安置单位;不需要统一安置的,安置补助费发放给被安置人员个人或者征得被安置人员同意后用于支付被安置人员的保险费用。市、县和乡(镇)人民政府应当加强对安置补助费使用情况的监督。

另外,国土资源部于2004年出台了《关于完善征地补偿安置制度的指导意见》。该《指导意见》进一步要求,按照土地补偿费主要用于被征地农户的原则,土地补偿费应在农村集体经济组织内部合理分配。具体分配办法由省级人民政府制定。土地被全部征收,同时农村集体经济组织撤销建制的,土地补偿费应全部用于被征地农民生产生活安置。

5.通过哪些途径对被征地农民进行安置?

根据国土资源部于2004年出台的《关于完善征地补偿安置制度的指导意见》的规定,对于被征地农民,可以采用以下方式进行安置:

(1)农业生产安置 征收城市规划区外的农民集体土地,应当通过利用农村集体机动地、承包农户自愿交回的承包地、承包地流转和土地开发整理新增加的耕地等,首先使被征地农民有必要的耕作土地,继续从事农业生产。

(2)重新择业安置 该《指导意见》要求,各地应当积极创造条件,向被征地农民提供免费的劳动技能培训,安排相应的工作岗位。在同等条件下,用地单位应优先吸收被征地农民就业。征收城市规划区内的农民集体土地,应当将因征地而导致无地的农民,纳入城镇就业体系,并建立社会保障制度。

(3)入股分红安置 对有长期稳定收益的项目用地,在农户自愿的前提下,被征地农村集体经济组织经与用地单位协商,可以以征地补偿安置费用入股,或以经批准的建设用地土地使用权作价入股。农村集体经济组织和农户通过合同约定以优先股的方式获取收益。

（4）异地移民安置　本地区确实无法为因征地而导致无地的农民提供基本生产生活条件的,在充分征求被征地农村集体经济组织和农户意见的前提下,可由政府统一组织,实行异地移民安置。

6. 耕地征收补偿费计算中涉及的平均年产值标准是如何确定的？

根据国土资源部《关于完善征地补偿安置制度的指导意见》的规定,耕地征收补偿费计算中涉及的平均年产值即统一年产值,由省级国土资源部门会同有关部门制订省域内各县(市)耕地的最低统一年产值标准,报省级人民政府批准后公布执行。制定统一年产值标准可考虑被征收耕地的类型、质量、农民对土地的投入、农产品价格、农用地等级等因素。

土地补偿费和安置补助费的统一年产值倍数,应按照保证被征地农民原有生活水平不降低的原则,在法律规定范围内确定;按法定的统一年产值倍数计算的征地补偿安置费用,不能使被征地农民保持原有生活水平,不足以支付因征地而导致无地农民社会保障费用的,经省级人民政府批准应当提高倍数;土地补偿费和安置补助费合计按30倍计算,尚不足以使被征地农民保持原有生活水平的,由当地人民政府统筹安排,从国有土地有偿使用收益中划出一定比例给予补贴。经依法批准占用基本农田的,征地补偿按当地人民政府公布的最高补偿标准执行。

7. 应当按照哪些程序依法征收土地？

根据《土地管理法》、《土地管理法实施条例》以及国务资源部《关于完善征地补偿安置制度的指导意见》的相关规定,征收土地应当按照下列程序进行。

（1）告知征地情况　在征地依法报批前,当地国土资源部门应将拟征地的用途、位置、补偿标准、安置途径等,以书面形式告知被征地农村集体经济组织和农户。在告知后,凡被征地农村集体经济组织和农户在拟征土地上抢栽、抢种、抢建的地上附着物和青苗,征地时一律不予补偿。

(2)**确认征地调查结果**　当地国土资源部门应对拟征土地的权属、地类、面积以及地上附着物权属、种类、数量等现状进行调查,调查结果应与被征地农村集体经济组织、农户和地上附着物产权人共同确认。

(3)**组织征地听证**　在征地依法报批前,当地国土资源部门应告知被征地农村集体经济组织和农户,对拟征土地的补偿标准、安置途径有申请听证的权利。当事人申请听证的,应按照《国土资源听证规定》规定的程序和有关要求组织听证。

(4)**办理农用地转用审批和征地审批**　农用地转用审批由审批机关按照《土地管理法》第四十四条规定的审批权限办理农用地转用。征地审批由各审批机关根据《土地管理法》第四十五条规定的权限进行征地审批。

(5)**公告征地方案**　征用土地方案经依法批准后,由被征用土地所在地的市、县人民政府组织实施,并将批准征地机关、批准文号、征用土地的用途、范围、面积以及征地补偿标准、农业人员安置办法和办理征地补偿的期限等,在被征用土地所在地的乡(镇)、村予以公告。

(6)**办理征地补偿登记**　被征用土地的所有权人、使用权人应当在公告规定期限内,持土地权属证书到当地人民政府土地行政主管部门办理征地补偿登记。

(7)**制定并公告征地补偿方案及安置方案**　征地补偿安置方案确定后,有关地方人民政府应当公告,并听取被征地的农村集体经济组织和农民的意见。对补偿标准有争议的,由县级以上地方人民政府协调;协调不成的,由批准征用土地的人民政府裁决。征地补偿、安置争议不影响征用土地方案的实施。

(8)**组织实施**　征地补偿安置方案经市、县人民政府批准后,应当自批准之日起3个月内全额支付。

第四篇 资源与环境保护篇

一、环境保护

【实例解答】光明纸厂是否应当缴纳应缴排污费?

光明造纸厂位于某河流中上游。2009年6月,环境监测站对该造纸厂的污水进行监测,发现该厂对所排放的污水的净化处理不够,多种污染物质的含量严重超标。遂向该厂提出限期治理的要求,但光明纸厂不予理会,没有采取任何净化措施。2009年10月,市环保局按照国家有关规定向其征收排污费,但该厂领导却以经济效益不好为由,拒绝缴纳。环保局在多次征收未果的情况下,向人民法院起诉,要求光明纸厂缴纳应缴排污费。

征收排污费是我国环境保护法规定的一项重要制度,其目的是为了促进企业事业单位加强经营管理,提高资源和能源的利用率,治理污染,改善环境。因而,排污单位应当如实向当地环保部门申报登记排污设施和排放污染物的种类、数量和浓度,经环保部门或其指定的监测单位核定后,作为征收排污费的依据,由环保部门按照法律规定征收。光明纸厂不按期缴纳排污费的行为是错误的。至于该厂提出的"企业效益不好,无力支付"的理由,是不能支持的,因为我国的环境保护法并没有这类可以免费的规定。

1. 什么是《环境保护法》所称的环境?

环境,是指影响人类生存和发展的各种天然的和经过人工改造的自然因素的总体,包括大气、水、海洋、土地、矿藏、森林、草原、野生生物、自然遗迹、人文遗迹、自然保护区、风景名胜区、城市和乡村等。

2.单位和个人对环境保护有何权利和义务?

一切单位和个人都有保护环境的义务,并有权对污染和破坏环境的单位和个人进行检举和控告。对保护和改善环境有显著成绩的单位和个人,由人民政府给予奖励。

3.我国的环境保护主管部门有哪些?

国务院环境保护行政主管部门,对全国环境保护工作实施统一监督管理。

县级以上地方人民政府环境保护行政主管部门,对本辖区的环境保护工作实施统一监督管理。

国家海洋行政主管部门、港务监督、渔政、渔港监督、军队环境保护部门和各级公安、交通、铁道、民航管理部门,依照有关法律的规定对环境污染防治实施监督管理。

县级以上人民政府的土地、矿产、林业、农业、水利行政主管部门,依照有关法律的规定对资源的保护实施监督管理。

4.企业事业单位排放污染物时应遵守哪些规定?

排放污染物的企业事业单位,必须依照国务院环境保护行政主管部门的规定申报登记。

排放污染物超过国家或者地方规定的污染物排放标准的企业事业单位,依照国家规定缴纳超标准排污费,并负责治理。水污染防治法另有规定的,依照水污染防治法的规定执行。

征收的超标准排污费必须用于污染的防治,不得挪作他用,具体使用办法由国务院规定。

5.由哪些机构对排污单位进行监督检查?

县级以上人民政府环境保护行政主管部门或者其他依照法律规定行使环境监督管理权的部门,有权对管辖范围内的排污单位进行现场检查。被检查的单位应当如实反映情况,提供必要的资料。检查机关应当为检查的单位保守技术秘密和业务秘密。

6. 什么是环境保护责任制度？《环境保护法》是如何规定环境保护责任制度的？

环境保护责任制度，是指以环境法律规定为依据，把环境保护工作纳入计划，以责任制为核心，以签订合同的形式，规定企业在环境保护方面的具体权利和义务的法律责任制度。

《环境保护法》规定，产生环境污染和其他公害的单位，必须把环境保护工作纳入计划，建立环境保护责任制度；采取有效措施，防治在生产建设或者其他活动中产生的废气、废水、废渣、粉尘、恶臭气体、放射性物质以及噪声、振动、电磁波辐射等对环境的污染和危害。

7. 如何处理造成环境污染的企业事业单位？如何应对环境污染事故？

对造成环境严重污染的企业事业单位，限期治理。中央或者省、自治区、直辖市人民政府直接管辖的企业事业单位的限期治理，由省、自治区、直辖市人民政府决定。市、县或者市、县以下人民政府管辖的企业事业单位的限期治理，由市、县人民政府决定。被限期治理的企业事业单位必须如期完成治理任务。

可能发生重大污染事故的企业事业单位，应当采取措施，加强防范。因发生事故或者其他突然性事件，造成或者可能造成污染事故的单位，必须立即采取措施处理，及时通报可能受到污染危害的单位和居民，并向当地环境保护行政主管部门和有关部门报告，接受调查处理。

县级以上地方人民政府环境保护行政主管部门，在环境受到严重污染威胁居民生命财产安全时，必须立即向当地人民政府报告，由人民政府采取有效措施，解除或者减轻危害。

二、渔业资源保护

【实例解答】将农药倒入江河会触犯《刑法》吗？

2007年10月5日下午，龙某等八人在贵州省铜仁市和平乡龙鱼村两河口老鹅滩,将两箱甲氰菊酯农药倒入锦江河内,造成从投毒点起的下游水域约6000米内的野生鱼类、贝类、两栖类等水生生物被毒死,直接经济损失折合人民币达45000万元,部分水生生物资源严重枯竭,一二年内生态环境难以恢复。2008年,贵州省铜仁市人民法院依法对龙某等八名被告以非法捕捞水产品罪判处有期徒刑十个月。

1.国家对渔业生产实行什么方针?国家如何鼓励发展渔业?

国家对渔业生产实行以养殖为主,养殖、捕捞、加工并举,因地制宜,各有侧重的方针。

各级人民政府把渔业生产纳入国民经济发展计划,采取措施,加强水域的统一规划和综合利用。

国家鼓励渔业科学技术研究,推广先进技术,提高渔业科学技术水平。在增殖和保护渔业资源、发展渔业生产、进行渔业科学技术研究等方面成绩显著的单位和个人,由各级人民政府给予精神的或者物质的奖励。

2.我国的渔业由什么机构管理?

国务院渔业行政主管部门主管全国的渔业工作。县级以上地方人民政府渔业行政主管部门主管本行政区域内的渔业工作。县级以上人民政府渔业行政主管部门可以在重要渔业水域、渔港设渔政监督管理机构。

县级以上人民政府渔业行政主管部门及其所属的渔政监督管理机构可以设渔政检查人员。渔政检查人员执行渔业行政主管部门及其所属的渔政监督管理机构交付的任务。

3.国家如何对渔业实施监督管理?

国家对渔业的监督管理,实行统一领导、分级管理。

海洋渔业,除国务院划定由国务院渔业行政主管部门及其所属的渔政监督管理机构监督管理的海域和特定渔业资源渔场外,由毗邻海域的省、自治区、直辖市人民政府渔业行政主管部门监督管理。

江河、湖泊等水域的渔业,按照行政区划由有关县级以上人民政府渔业行政主管部门监督管理;跨行政区域的,由有关县级以上地方人民政府协商制定管理办法,或者由上一级人民政府渔业行政主管部门及其所属的渔政监督管理机构监督管理。

4. 国家如何对水产养殖业进行管理?

国家对水域利用进行统一规划,确定可以用于养殖业的水域和滩涂。国家鼓励全民所有制单位、集体所有制单位和个人充分利用适于养殖的水域、滩涂,发展养殖业。集体所有的或者全民所有由农业集体经济组织使用的水域、滩涂,可以由个人或者集体承包,从事养殖生产。单位和个人使用国家规划确定用于养殖业的全民所有的水域、滩涂的,使用者应当向县级以上地方人民政府渔业行政主管部门提出申请,由本级人民政府核发养殖证,许可其使用该水域、滩涂从事养殖生产。

县级以上地方人民政府在核发养殖证时,应当优先安排当地的渔业生产者。

5. 从事水产养殖应当遵守的基本规定是什么?

从事养殖生产不得使用含有毒有害物质的饵料、饲料。从事养殖生产应当保护水域生态环境,科学确定养殖密度,合理投饵、施肥、使用药物,不得造成水域的环境污染。

6. 国家如何控制渔业资源的捕捞量?

国家根据捕捞量低于渔业资源增长量的原则,确定渔业资源的总可捕捞量,实行捕捞限额制度。国务院渔业行政主管部门负责组织渔业资源的调查和评估,为实行捕捞限额制度提供科学依据。中华人民共和国内海、领海、专属经济区和其他管辖海域的捕捞限额总量由国务院渔业行政主管部门确定,报国务院批准后逐级分解下达;国家确定的重要江河、湖泊的捕捞限额总量由有关省、自治区、直辖市人民政府确定或者协商确定,逐级分解下达。捕捞限额总量的分配应当体现公平、公正的原则,分配办法和分配结果必须向社会公开,并接受监督。

国务院渔业行政主管部门和省、自治区、直辖市人民政府渔业行政主管部门应当加强对捕捞限额制度实施情况的监督检查,对超过上级下达的捕捞限额指标的,应当在其次年捕捞限额指标中予以核减。

7.国家对捕捞业采取什么管理制度?

国家对捕捞业实行捕捞许可证制度。海洋大型拖网、围网作业以及到中华人民共和国与有关国家缔结的协定确定的共同管理的渔区或者公海从事捕捞作业的捕捞许可证,由国务院渔业行政主管部门批准发放。其他作业的捕捞许可证,由县级以上地方人民政府渔业行政主管部门批准发放;但是,批准发放海洋作业的捕捞许可证不得超过国家下达的船网工具控制指标,具体办法由省、自治区、直辖市人民政府规定。

捕捞许可证不得买卖、出租和以其他形式转让,不得涂改、伪造、变造。

8.具备什么条件可以申领捕捞许可证?

根据《渔业法》的规定,具备下列条件的,方可发给捕捞许可证:

(1)有渔业船舶检验证书;

(2)有渔业船舶登记证书;

(3)符合国务院渔业行政主管部门规定的其他条件。

县级以上地方人民政府渔业行政主管部门批准发放的捕捞许可证,应当与上级人民政府渔业行政主管部门下达的捕捞限额指标相适应。

9.从事捕捞作业的单位和个人应该遵守哪些规定?

从事捕捞作业的单位和个人,必须按照捕捞许可证关于作业类型、场所、时限、渔具数量和捕捞限额的规定进行作业,并遵守国家有关保护渔业资源的规定,大中型渔船应当填写渔捞日志。

制造、更新改造、购置、进口的从事捕捞作业的船舶必须经渔业船舶检验部门检验合格后,方可下水作业。

禁止使用炸鱼、毒鱼、电鱼等破坏渔业资源的方法进行捕捞。禁止制造、销售、使用禁用的渔具。禁止在禁渔区、禁渔期进行捕捞。禁止使用小于最小网目尺寸的网具进行捕捞。捕捞的渔获物中幼鱼不得超过规定的比例。在禁渔区或者禁渔期内禁止销售非法捕捞的渔获物。

禁止捕捞有重要经济价值的水生动物苗种。因养殖或者其他特殊需要，捕捞有重要经济价值的苗种或者禁捕的怀卵亲体的，必须经国务院渔业行政主管部门或者省、自治区、直辖市人民政府渔业行政主管部门批准，在指定的区域和时间内，按照限额捕捞。

10. 国家采取什么措施增殖渔业资源？

县级以上人民政府渔业行政主管部门应当对其管理的渔业水域统一规划，采取措施，增殖渔业资源。县级以上人民政府渔业行政主管部门可以向受益的单位和个人征收渔业资源增殖保护费，专门用于增殖和保护渔业资源。渔业资源增殖保护费的征收办法由国务院渔业行政主管部门会同财政部门制定，报国务院批准后施行。

国家保护水产种质资源及其生存环境，并在具有较高经济价值和遗传育种价值的水产种质资源的主要生长繁育区域建立水产种质资源保护区。未经国务院渔业行政主管部门批准，任何单位或者个人不得在水产种质资源保护区内从事捕捞活动。

11. 国家采取什么措施保护渔业资源？

在水生动物苗种重点产区引水用水时，应当采取措施，保护苗种。

在鱼、虾、蟹洄游通道建闸、筑坝，对渔业资源有严重影响的，建设单位应当建造过鱼设施或者采取其他补救措施。

用于渔业并兼有调蓄、灌溉等功能的水体，有关主管部门应当确定渔业生产所需的最低水位线。

禁止围湖造田。沿海滩涂未经县级以上人民政府批准，不得围垦；重要的苗种基地和养殖场所不得围垦。

进行水下爆破、勘探、施工作业,对渔业资源有严重影响的,作业单位应当事先同有关县级以上人民政府渔业行政主管部门协商,采取措施,防止或者减少对渔业资源的损害;造成渔业资源损失的,由有关县级以上人民政府责令赔偿。

各级人民政府应当采取措施,保护和改善渔业水域的生态环境,防治污染。

国家对白鳍豚等珍贵、濒危水生野生动物实行重点保护,防止其灭绝。禁止捕杀、伤害国家重点保护的水生野生动物。因科学研究、驯养繁殖、展览或者其他特殊情况,需要捕捞国家重点保护的水生野生动物的,依照《中华人民共和国野生动物保护法》的规定执行。

三、森林资源保护

【实例解答】 林业承包户韩某在承包林地期间,因管理不善,经济效益不好,产生了终止承包的想法,但又不甘心多年投入化为泡影,便对承包区域内的林木进行大肆砍伐,几倍于采伐许可证规定的限额,数量巨大。事后又将砍伐的木材出售。司法机关经过调查,依法将韩某逮捕,人民法院判处韩某有期徒刑4年,并处罚金2万元。

韩某的行为是一种滥伐森林或者其他林木的行为。所谓滥伐森林或者其他林木,是指违反《森林法》及相关法律,未经林业主管部门及法律规定的其他主管部门批准并核发采伐许可证;或者虽然持有采伐许可证,但违背采伐许可证所规定的地点、数量、树种、方式而任意采伐本单位所有或管理的,以及本人自留山上的森林或者其他林木。滥伐森林或者其他林木,数量较小的,按照《森林法》第三十九条的规定,给予责令补种滥伐株数5倍的树木,并处滥伐林木价值2~5倍以下的罚款。滥伐森林或者其他林木,数量较大,则构成犯罪,应依照《刑法》第三百四十五条的规定,处3年以下有期徒刑、拘役或者管制,并处或者单处罚金;数量巨大的,处3年以上7年以下有期徒刑,并处罚金。韩某滥伐森林数量巨大,对他适用的刑罚是适当的。

1.森林分为哪些类型？

森林分为以下五类：

（1）防护林：以防护为主要目的的森林、林木和灌木丛，包括水源涵养林，水土保持林，防风固沙林，农田、牧场防护林，护岸林，护路林；

（2）用材林：以生产木材为主要目的的森林和林木，包括以生产竹材为主要目的的竹林；

（3）经济林：以生产果品，食用油料、饮料、调料，工业原料和药材等为主要目的的林木；

（4）薪炭林：以生产燃料为主要目的的林木；

（5）特殊用途林：以国防、环境保护、科学实验等为主要目的的森林和林木，包括国防林、实验林、母树林、环境保护林、风景林，名胜古迹和革命纪念地的林木，自然保护区的森林。

2.国家对森林资源实行什么保护性措施？

国家对森林资源实行以下保护性措施：

（1）对森林实行限额采伐，鼓励植树造林、封山育林，扩大森林覆盖面积；

（2）根据国家和地方人民政府有关规定，对集体和个人造林、育林给予经济扶持或者长期贷款；

（3）提倡木材综合利用和节约使用木材，鼓励开发、利用木材代用品；

（4）征收育林费，专门用于造林育林；

（5）煤炭、造纸等部门，按照煤炭和木浆纸张等产品的产量提取一定数额的资金，专门用于营造坑木、造纸等用材林；

（6）建立林业基金制度。

国家设立森林生态效益补偿基金，用于提供生态效益的防护林和特种用途林的森林资源、林木的营造、抚育、保护和管理。森林生态效益补偿基金必须专款专用，不得挪作他用。具体办法由国务院规定。

3.国家如何保护林农的合法权益？

国家保护林农的合法权益,依法减轻林农的负担,禁止向林农违法收费、罚款,禁止向林农进行摊派和强制集资。

国家保护承包造林的集体和个人的合法权益,任何单位和个人不得侵犯承包造林的集体和个人依法享有的林木所有权和其他合法权益。

4.公民在保护森林方面有何义务？

植树造林、保护森林,是公民应尽的义务。各级人民政府应当组织全民义务植树,开展植树造林活动。在植树造林、保护森林、森林管理以及林业科学研究等方面成绩显著的单位或者个人,由各级人民政府给予奖励。

5.哪些森林可以依法转让？

下列森林、林木、林地使用权可以依法转让,也可以依法作价入股或者作为合资、合作造林、经营林木的出资、合作条件,但不得将林地改为非林地：

(1)用材林、经济林、薪炭林；

(2)用材林、经济林、薪炭林的林地使用权；

(3)用材林、经济林、薪炭林的采伐迹地、火烧迹地的林地使用权；

(4)国务院规定的其他森林、林木和其他林地使用权。

除此之外,其他森林、林木和其他林地使用权不得转让。依照上述规定转让、作价入股或者作为合资、合作造林、经营林木的出资、合作条件的,已经取得的林木采伐许可证可以同时转让,同时转让双方都必须遵守法律关于森林、林木采伐和更新造林的规定。

6.为保护森林哪些行为被禁止？

禁止毁林开垦和毁林采石、采沙、采土以及其他毁林行为。禁止在幼林地和特种用途林内砍柴、放牧。进入森林和森林边缘地区的人员,不得擅自移动或者损坏为林业服务的标志。

7.森林资源属于谁?

森林资源属于国家所有,由法律规定属于集体所有的除外。国家所有的和集体所有的森林、林木和林地,个人所有的林木和使用的林地,由县级以上地方人民政府登记造册,发放证书,确认所有权或者使用权。国务院可以授权国务院林业主管部门,对国务院确定的国家所有的重点林区的森林、林木和林地登记造册,发放证书,并通知有关地方人民政府。森林、林木、林地的所有者和使用者的合法权益,受法律保护,任何单位和个人不得侵犯。

8.如何确定植树造林的权属?

宜林荒山荒地,属于国家所有的,由林业主管部门和其他主管部门组织造林;属于集体所有的,由集体经济组织组织造林。

铁路公路两旁、江河两侧、湖泊水库周围,由各有关主管单位因地制宜地组织造林;工矿区、机关、学校用地,部队营区以及农场、牧场、渔场经营地区,由各该单位负责造林。

国家所有和集体所有的宜林荒山荒地可以由集体或者个人承包造林。

国有企业事业单位、机关、团体、部队营造的林木,由营造单位经营并按照国家规定支配林木收益。

集体所有制单位营造的林木,归该单位所有。

农村居民在房前屋后、自留地、自留山种植的林木,归个人所有。城镇居民和职工在自有房屋的庭院内种植的林木,归个人所有。

集体或者个人承包国家所有和集体所有的宜林荒山荒地造林的,承包后种植的林木归承包的集体或者个人所有;承包合同另有规定的,按照承包合同的规定执行。

9.什么是林木采伐许可证?林木采伐许可证由什么部门发放?采伐林木还必须遵守什么规定?

林木采伐许可证是指采伐林木的单位和个人依据法律规定领取的准许采伐林木的证明文件。其内容包括采伐的地点、面积、蓄积(株数)、树种、方式和完成更新造林时间等。

农村集体经济组织采伐林木,由县级林业主管部门依照有关规定审核发放采伐许可证。

农村居民采伐自留山和个人承包集体的林木,由县级林业主管部门或者其委托的乡、镇人民政府依照有关规定审核发放采伐许可证。

采伐以生产竹材为主要目的的竹林,适用上述规定。

采伐林木的单位或者个人,必须按照采伐许可证规定的面积、株数、树种、期限完成更新造林任务,更新造林的面积和株数不得少于采伐的面积和株数。

从林区运出木材,必须持有林业主管部门发给的运输证件,国家统一调拨的木材除外。

第五篇　农业生产资料管理篇

一、农药管理

【实例解答】擅改标签是违法行为吗？

2009年4月，福建省安溪县李某经营农药"氟敌"，标签上未标示生产厂家，标签标注产品，名称为"氟敌"，属擅自使用商品名称行为。违反了农业部公告第九百四十四号第三条规定，属经营擅自修改标签内容农药的违法行为。经营"谋势"农药未取得登记证，依规定属经营未取得登记证农药的违法行为，并且李某无法提供完整的进货单等有效凭证。

2009年4月7日，福建省安溪县农茶局执法人员检查发现，李某的违法行为，分别违反国务院《农药管理条例》有关规定，依照该条列第四十条第（三）项、第（一）项规定，决定给予违法经营单位警告，责令停止经营违法农药，以及各罚款人民币3000元的处罚。

1.什么是《农药管理条例》所称的农药？

农药，是指用于预防、消灭或者控制危害农业、林业的病、虫、草和其他有害生物以及有目的地调节植物、昆虫生长的化学合成或者来源于生物、其他天然物质的一种物质或者几种物质的混合物及其制剂。

2.什么是假农药？什么是劣质农药？国家法规有什么禁止规定？

下列农药为假农药：(1)以非农药冒充农药或者以此种农药冒充他种农药的；(2)所含有效成份的种类、名称与产品标签或者说明书上注明的农药有效成份的种类、名称不符的。

下列农药为劣质农药:(1)不符合农药产品质量标准的;(2)失去使用效能的;(3)混有导致药害等有害成份的。

禁止生产、经营和使用假农药。禁止生产、经营和使用劣质农药。

禁止经营产品包装上未附标签或者标签残缺不清的农药。

未经登记的农药,禁止刊登、播放、设置、张贴广告。

3.对农药产品包装有什么要求?

农药产品包装必须贴有标签或者附具说明书。标签应当紧贴或者印制在农药包装物上。标签或者说明书上应当注明农药名称、企业名称、产品批号和农药登记证号或者农药临时登记证号、农药生产许可证号或者农药生产批准文件号以及农药的有效成份、含量、重量、产品性能、毒性、用途、使用技术、使用方法、生产日期、有效期和注意事项等;农药分装的,还应当注明分装单位。

4.哪些单位可以经营农药?

下列单位可以经营农药:(1)供销合作社的农业生产资料经营单位;(2)植物保护站;(3)土壤肥料站;(4)农业、林业技术推广机构;(5)森林病虫害防治机构;(6)农药生产企业;(7)国务院规定的其他经营单位。经营的农药属于化学危险物品的,应当按照国家有关规定办理经营许可证。

5.农药经营单位应当具备哪些条件?

农药经营单位应当具备下列条件和有关法律、行政法规规定的条件,并依法向工商行政管理机关申请领取营业执照后,方可经营农药:(1)有与其经营的农药相适应的技术人员;(2)有与其经营的农药相适应的营业场所、设备、仓储设施、安全防护措施和环境污染防治设施、措施;(3)有与其经营的农药相适应的规章制度;(4)有与其经营的农药相适应的质量管理制度和管理手段。

6.使用农药应注意哪些问题?

使用农药应当遵守农药防毒规程,正确配药、施药,做好废弃物处理和安全防护工作,防止农药污染环境和农药中毒事故。

使用农药应当遵守国家有关农药安全、合理使用的规定,按照规定的用药量、用药次数、用药方法和安全间隔期施药,防止污染农副产品。

剧毒、高毒农药不得用于防治卫生害虫,不得用于蔬菜、瓜果、茶叶和中草药材。

使用农药应当注意保护环境、有益生物和珍稀物种。严禁用农药毒鱼、虾、鸟、兽等。

县级以上地方各级人民政府农业行政主管部门应当加强对安全、合理使用农药的指导,根据本地区农业病、虫、草、鼠害发生情况,制定农药轮换使用规划,有计划地轮换使用农药,减缓病、虫、草、鼠的抗药性,提高防治效果。

7. 如何从物质形态上识别假冒伪劣农药?

(1)溶解法 运用于有沉淀的乳剂农药。可将药剂放在35~40℃温水里浸泡一小时,如瓶底沉淀物溶解,证明此药还可以使用;也可将瓶底的沉淀物滤出,放在碗里加适量的水,如沉淀物溶解,说明此药没有失效;若沉淀物少部分没有溶解,证明此药快要失效,品质降低但还可使用。

(2)灼烧法 适用于粉剂农药。可先取适量粉剂农药在金属箔片上,然后在火上灼烧,如果出现白烟,证明没有失效;若没出现白烟或不溶化,证明是假药。

(3)对水法 适用于可湿性粉剂和乳剂农药。可取50克粉剂农药,放在玻璃瓶里,加一定量的清水,稍加搅动,半小时后,如果颗粒悬浮均匀,瓶底无沉淀,说明此药没有失效。可湿性粉剂在储存中易变成块状,先将结块的粉剂碾碎,加入少量水,如果很快溶解,证明药没有失效,不是假药。

(4)震荡法 适用于乳剂农药。先看上下是否分层,如果分层,可上下震荡,使其均匀一致,再静置一小时,如果仍然分层,则不是失效便是假药,建议不要购买。

8. 识别农药标签有哪些注意事项?

农药标签是农药经营者和使用者正确经营和合理使用农药的

重要技术信息,是生产安全农产品的保证。因此,在使用时应看准标签,正确购买农药,以防止购到假冒伪劣产品上当受骗,给农业生产带来不必要地损失。农民朋友在购买时应注意以下九个方面:(1)产品名称。无论国产农药还是进口农药,其产品名称除批准的中文商品名外,还必须有有效成分中文通用名称及含量和剂型。(2)三证号全。农药登记证号、准产证号和合格证号。进口农药只有农药登记证号。(3)农药类别。各类农药标签下方均要有一条与底边平行的、不褪色的标志表示不同农药。如杀菌剂:黑色、杀虫剂:红色、除草剂:绿色、杀鼠剂:蓝色、植物生长调节剂:深黄色。(4)净重表示。通常以 kg(千克)、L(升)、g(克)、ml(毫升)表示。(5)毒性与易燃。农药标签上以红字明显表明该产品的毒性以及易燃标志。(6)使用说明。如适用范围和防治对象,适用时期、用药量和方法以及限制使用范围等。(7)有效期限。一般为两年,即从生产日期算起,所以必须注有生产日期及批号。(8)注意事项。注明该产品中毒症状和急救措施,安全间隔期以及储存、运输的特殊要求。(9)生产单位。要有生产企业名称、地址、电话、传真、邮编。

农民朋友在识别农药标签时,上述各项若缺少一项,则应认真考虑。如有三证号不全,或未注明生产日期或已过期的农药都不能购买。

9. 不按照国家有关农药安全使用的规定使用农药,可能受到的处罚?

不按照国家有关农药安全使用的规定使用农药的,根据所造成的危害后果,给予警告,可以并处3万元以下的罚款。

违反《农药管理条例》规定,造成农药中毒、环境污染、药害等事故或者其他经济损失的,应当依法赔偿。

二、兽药管理

【实例解答】养殖甲鱼能使用孔雀石绿吗?

2009年7月20日,某市渔政监督管理机构的3名渔业行政执法人员对该市某某甲鱼养殖场进行检查发现,该养殖场仓库内存有违禁药物孔雀石绿,查获孔雀石绿400克,沾有药物的工具塑料桶两只和瓷盆一只,孔雀石绿用药记录单6份,渔业行政执法人员当即对上述物品进行标识和登记保存并现场拍照,制作现场笔录。依照法定程序,渔业行政执法人员对该场养殖的甲鱼进行抽样取证,经送市农业科学研究院实验中心检验,确认为送检的塑料桶和瓷盆沾有药物中含有孔雀石绿,送检的2只甲鱼均检测出孔雀石绿。在确凿的事实面前,该甲鱼养殖场承认了使用孔雀石绿的违法事实,并说明该药系从某某县某某牧业有限公司兽药经营部购进,共9000克;在2009年5月4日至案发的2009年7月20日这段时间,他们对该场所养殖的27000只甲鱼使用了孔雀石绿计8600克。

某市渔政监督管理机构根据上述查明有据的事实,认定某某甲鱼养殖场在养殖过程中使用违禁药物孔雀石绿的行为违反了《兽药管理条例》第八十九条规定,禁止使用假、劣兽药以及国务院兽医行政管理部门规定禁止使用的药品和其他化合物。依据《兽药管理条例》第六十二条和第七十四条的规定,对某某甲鱼场作出责令其立即改正违法行为,对该场存养的27000余只甲鱼禁止转移、出售和使用并作无害化处理,罚款人民币3万元的行政处罚决定。对于剩余的400克孔雀石绿,当事人选择了自行销毁的处理方式,并在渔业行政执法人员的监督下实施了销毁。

1.哪些是假兽药?

(1)以非兽药冒充兽药或者以他种兽药冒充此种兽药的;(2)兽药所含成分的种类、名称与兽药国家标准不符合的。

有下列情形之一的,按照假兽药处理:(1)国务院兽医行政管理部门规定禁止使用的;(2)依照本条例规定应当经审查批准而未经审查批准即生产、进口的,或者依照本条例规定应当经抽查检验、审查核对而未经抽查检验、审查核对即销售、进口的;(3)变质的;(4)被污染的;(5)所标明的适应症或者功能主治超出规定范围的。

2. 哪些是劣兽药?

(1)成分含量不符合兽药国家标准或者不标明有效成分的;(2)不标明或者更改有效期或者超过有效期的;(3)不标明或者更改产品批号的;(4)其他不符合兽药国家标准,但不属于假兽药的。

3. 如何识别假冒伪劣兽药?

(1)看外观有无变质现象。凡口服或外用药有发霉、变色;注射用针剂有结晶、沉淀或杂质的均为劣药,应禁止使用。(2)看包装上有无批准文号。兽药包装上必须有农业部或省、市、自治区农牧行政管理机关发给的批准文号,进口兽药有农业部等机关发给的进口兽药许可证。另外标签或者说明书上必须注明商标、兽药名称、规格、企业名称和地址、产品批号,写明兽药的主要成分含量、作用、用途、用法、用量、有效期和注意事项等。如果上述内容标注不全,那多是假冒伪劣兽药。(3)看是不是淘汰产品。有些兽药,经过长期验证,药效不确实,有的副作用大,有的用后在畜禽产品中残留量可直接危害人体健康,因此国家宣布予以淘汰。凡国家宣布淘汰的兽药,均应禁止生产、销售及使用。(4)看兽药产品上有无加盖兽用字样。有些药品是人用的,但因质量不合格而不能出厂。这类药品一般也不符合兽药标准,均不能作兽药用。

4. 经营兽药的企业,应当具备哪些条件?

(1)与所经营的兽药相适应的兽药技术人员;(2)与所经营的兽药相适应的营业场所、设备、仓库设施;(3)与所经营的兽药相适应的质量管理机构或者人员;(4)兽药经营质量管理规范规定的其他经营条件。

符合前款规定条件的,申请人方可向市、县人民政府兽医行政管理部门提出申请,并附具符合前款规定条件的证明材料;经营兽用生物制品的,应当向省、自治区、直辖市人民政府兽医行政管理部门提出申请,并附具符合前款规定条件的证明材料。

县级以上地方人民政府兽医行政管理部门,应当自收到申请之日起30个工作日内完成审查。审查合格的,发给兽药经营许可证;不合格的,应当书面通知申请人。申请人凭兽药经营许可证办理工商登记手续。

5. 按照《兽药管理条例》的规定,兽药如何使用?

兽药使用单位,应当遵守国务院兽医行政管理部门制定的兽药安全使用规定,并建立用药记录。

禁止使用假、劣兽药以及国务院兽医行政管理部门规定禁止使用的药品和其他化合物。禁止使用的药品和其他化合物目录由国务院兽医行政管理部门制定公布。

有休药期规定的兽药用于食用动物时,饲养者应当向购买者或者屠宰者提供准确、真实的用药记录;购买者或者屠宰者应当确保动物及其产品在用药期、休药期内不被用于食品消费。

国务院兽医行政管理部门,负责制定公布在饲料中允许添加的药物饲料添加剂品种目录。

禁止在饲料和动物饮用水中添加激素类药品和国务院兽医行政管理部门规定的其他禁用药品。

经批准可以在饲料中添加的兽药,应当由兽药生产企业制成药物饲料添加剂后方可添加。禁止将原料药直接添加到饲料及动物饮用水中或者直接饲喂动物。

禁止将人用药品用于动物。

6. 无证生产、经营兽药要承担什么责任?

无兽药生产许可证、兽药经营许可证生产、经营兽药的,或者虽有兽药生产许可证、兽药经营许可证,生产、经营假、劣兽药的,或者兽药经营企业经营人用药品的,责令其停止生产、经营,没收用于违法生产的原料、辅料、包装材料及生产、经营的兽药和违法所得,并处违法生产、经营的兽药(包括已出售的和未出售的兽药,下同)货值金额2倍以上5倍以下罚款,货值金额无法查证核实的,处10万元以上20万元以下罚款;无兽药生产许可证生产兽药,情节严重的,没收其生产设备;生产、经营假、劣兽药,情节严重的,吊销兽药生产许可证、兽药经营许可证;构成犯罪的,依法追究刑事责任;给他人造成损失的,依法承担赔偿责任。生产、经营企业的主要负责人和直接负责的主管人员终身不得从事兽药的生产、经营活动。

7.未按照规定使用兽药要承担什么责任?

未按照国家有关兽药安全使用规定使用兽药的、未建立用药记录或者记录不完整真实的,或者使用禁止使用的药品和其他化合物的,或者将人用药品用于动物的,责令其立即改正,并对饲喂了违禁药物及其他化合物的动物及其产品进行无害化处理;对违法单位处1万元以上5万元以下罚款;给他人造成损失的,依法承担赔偿责任。

三、饲料和饲料添加剂管理

【实例解答】饲养生猪能加"瘦肉精"吗?

2005年1月24日,浙江省海宁市农经局执法人员对朗某饲养的生猪尿液进行盐酸克伦特罗抽样送检,经检测结果呈阳性,遂于1月25日立案调查。查明朗某于2003年9月,购入无任何标识的药品两包,重量分别为250克和100克,从2003年10月起将该两种药品混入饮水中饲喂饲养的部分生猪,断续使用至2005年1月案发时止,在调查中,还当场查获无任何标识已使用过的药品两包,后对剩余的两种药品抽样送检,其中100克铝箔包药品内含有盐酸克伦特罗成分。

浙江省海宁市农经局根据《饲料和饲料添加剂管理条例》第二十九条第二款之规定,对朗某作出没收含有盐酸克伦特罗的药品30克、罚款人民币3万元的行政处罚。

1.什么是饲料和饲料添加剂?

饲料,是指经工业化加工、制作的供动物食用的饲料,包括单一饲料、添加剂预混合饲料、浓缩饲料、配合饲料和精料补充料。

饲料添加剂,是指在饲料加工、制作、使用过程中添加的少量或者微量物质,包括营养性饲料添加剂和一般饲料添加剂。

2.设立饲料、饲料添加剂生产企业,应具备哪些条件?

设立饲料、饲料添加剂生产企业,除应当符合有关法律、行政法规规定的企业设立条件外,还应当具备下列条件:(1)有与生产饲料、饲料添加剂相适应的厂房、设备、工艺及仓储设施;(2)有与生产饲料、饲料添加剂相适应的专职技术人员;(3)有必要的产品质量检验机构、检验人员和检验设施;(4)生产环境符合国家规定的安全、卫生要求;(5)污染防治措施符合国家环境保护要求。

经国务院农业行政主管部门或者省、自治区、直辖市人民政府饲料管理部门按照权限审查,符合前款规定条件的,方可办理企业登记手续。

3.如何正确识别饲料添加剂?

农民朋友在市场上购买饲料添加剂时,(1)看包装是否完好无破损,标签上的文字、符号、图形、是否清晰醒目。(2)要认真阅读饲料标签上的文字,看标签上的文字是否规范,产品说明内容是否简明易懂,有无夸大或贬低同类产品的文字。(3)看标签上的保质期和生产日期,保质期是在规定贮存条件下,保证饲料产品质量的期限,一般用月来表示;生产日期是生产饲料的时间,一般都打在饲料包装的封口处,编织袋的饲料一般都印在标签上。

在购买添加剂时一般都要摸一摸、闻一闻,如果饲料添加剂有霉臭、腐臭、氨臭、焦臭味,都不能购买。

4.《饲料和饲料添加剂管理条例》对违法行为如何处罚?

禁止在饲料和动物饮用水中添加激素类药品和国务院农业行政主管部门规定的其他禁用药品。

未取得生产许可证,生产饲料添加剂、添加剂预混合饲料的,由县级以上地方人民政府饲料管理部门责令停止生产,没收违法生产的产品和违法所得,并处违法所得1倍以上5倍以下的罚款;对已取得生产许可证,但未取得产品批准文号的,责令停止生产,并限期补办产品批准文号。

经营未附具产品质量检验合格证和产品标签以及无生产许可

证、批准文号、产品质量标准的饲料、饲料添加剂的,由县级以上地方人民政府饲料管理部门责令停止经营,没收违法经营的产品和违法所得,可以并处违法所得1倍以下的罚款。

四、种子管理

【实例解答】无种子生产许可证能生产杂交玉米种子吗?

2005年浙江省农业厅开展了"绿剑"春季行动。通过暗访检查发现,金华市翔宇农作物研究所存在无证生产杂交玉米种子违法行为嫌疑,5月10日,省农业厅决定立案调查。经查实,当事人以永康种子公司门市部名义擅自在北京密云县组织生产科糯986、浙糯玉1号、超甜3号、密玉八号等4个品种杂交玉米种子,属于无证生产。截至2005年5月11日,当事人已生产销售杂交玉米种子5686.8千克,共获违法所得66844.32元。

浙江省农业厅依法认定当事人金华市翔宇农作物研究所的行为违反了《中华人民共和国种子法》第二十二条的规定,根据《中华人民共和国种子法》第六十条和《中华人民共和国行政处罚法》第二十七条的规定,作出责令改正,没收违法所得人民币66844.32元的行政处罚。

1. 什么是种子?

种子,是指农作物和林木的种植材料或者繁殖材料,包括籽粒、果实和根、茎、苗、芽、叶等。

2. 什么是种子生产实行许可制度?

主要农作物和主要林木的商品种子生产实行许可制度。

主要农作物杂交种子及其亲本种子、常规种原种种子、主要林木良种的种子生产许可证,由生产所在地县级人民政府农业、林业行政主管部门审核,省、自治区、直辖市人民政府农业、林业行政主管部门核发;其他种子的生产许可证,由生产所在地县级以上地方人民政府农业、林业行政主管部门核发。

3.申请领取种子生产许可证的单位和个人,应当具备哪些条件?

(1)具有繁殖种子的隔离和培育条件;

(2)具有无检疫性病虫害的种子生产地点或者县级以上人民政府林业行政主管部门确定的采种林;

(3)具有与种子生产相适应的资金和生产、检验设施;

(4)具有相应的专业种子生产和检验技术人员;

(5)法律、法规规定的其他条件。

申请领取具有植物新品种权的种子生产许可证的,应当征得品种权人的书面同意。

4.什么是种子经营实行许可制度?

种子经营实行许可制度。种子经营者必须先取得种子经营许可证后,方可凭种子经营许可证向工商行政管理机关申请办理或者变更营业执照。

种子经营许可证实行分级审批发放制度。种子经营许可证由种子经营者所在地县级以上地方人民政府农业、林业行政主管部门核发。主要农作物杂交种子及其亲本种子、常规种原种种子、主要林木良种的种子经营许可证,由种子经营者所在地县级人民政府农业、林业行政主管部门审核,省、自治区、直辖市人民政府农业、林业行政主管部门核发。

农民个人自繁、自用的常规种子有剩余的,可以在集贸市场上出售、串换,不需要办理种子经营许可证,由省、自治区、直辖市人民政府制定管理办法。

5.申请领取种子经营许可证的单位和个人,应当具备哪些条件?

(1)具有与经营种子种类和数量相适应的资金及独立承担民事责任的能力;

(2)具有能够正确识别所经营的种子、检验种子质量、掌握种子贮藏、保管技术的人员;

(3)具有与经营种子的种类、数量相适应的营业场所及加工、包装、贮藏保管设施和检验种子质量的仪器设备;

(4)法律、法规规定的其他条件。

种子经营者专门经营不再分装的包装种子的,或者受具有种子经营许可证的种子经营者以书面委托代销其种子的,可以不办理种子经营许可证。

6.种子质量出了问题谁来赔偿?

种子使用者有权按照自己的意愿购买种子,任何单位和个人不得非法干预。

种子使用者因种子质量问题遭受损失的,出售种子的经营者应当予以赔偿,赔偿额包括购种价款、有关费用和可得利益损失。

经营者赔偿后,属于种子生产者或者其他经营者责任的,经营者有权向生产者或者其他经营者追偿。

7.什么是假种子?什么是劣种子?

禁止生产、经营假、劣种子。下列种子为假种子:(1)以非种子冒充种子或者以此种品种种子冒充他种品种种子的;(2)种子种类、品种、产地与标签标注的内容不符的。

下列种子为劣种子:(1)质量低于国家规定的种用标准的;(2)质量低于标签标注指标的;(3)因变质不能作种子使用的;(4)杂草种子的比率超过规定的;(5)带有国家规定检疫对象的有害生物的。

8.因使用种子发生民事纠纷怎么解决?

因使用种子发生民事纠纷的,(1)当事人可以通过协商解决。(2)调解解决。(3)当事人不愿通过协商、调解解决或者协商、调解不成的,可以根据当事人之间的协议向仲裁机构申请仲裁。(4)当事人可以就使用种子纠纷直接向人民法院起诉。

9.种子市场上容易识别的造假方式有哪些?

(1)种子质量指标造假。如玉米杂交种纯度指标,国标一级为98%,国标二级为96%,标为99.9%或96%以下的为造假。棉花脱绒的光籽芽率国标为80%,标为70%的为造假。花生种子水分,国标为≤10%,标为≤13%的为造假。大豆种子水分,国标为≤12%,标为≤13%的为造假。(2)种子生产许可证编号造假。种子生产许可证编号为2005年某日的为造假。(3)生产日期造假。法定的种子生产日期为种子的收获日期,我国除了海南、广西、云南等少数省份外,玉米杂交种的收获时期不可能是1月或2月,玉米杂交种的生产日期标为某年1月或2月非种子收获季节的,均系造假。(4)种子包装造假。花生种子装在玉米杂交种袋内销售的系造假。(5)种子包装袋外的标签内容与种子包装袋内的标签内容不统一的系造假。(6)涂改种子标签内容造假。主要是伪造种子生产日期、种子名称等。(7)产地、生产商、注册商标等造假。需要专业人员才能识别。

农民在选购种子不能辨别真假时,可以向当地农业行政主管部门的种子管理机构咨询。

10.如何识别玉米种子的优劣?

(1)纯度。种子的大小、色泽、粒型、粒形等差距较小,且很近似,这种种子多数纯度较高。任意取一百粒种子,其大小、色泽、粒型、粒形相差达八二开,说明这个种子的混杂率达20%以上,这样种子,一般不要买。(2)发芽率。主要看种子在保存过程在有否霉变、发烂、虫蛀、颜色变暗等情况,打开种子包有一股酸霉味,说明这种子已变质,发芽率不会太高,不要轻易购买。(3)干湿度。凡种子潮湿,都有可能发霉变质。在买种子时,农民朋友可先将手攒入种子袋,根据直感判断种子的干湿度。凡是无味且有清凉的感觉是比较干的;反之,有阴沉潮湿的感染且味不正,说明种种子较潮湿。还可以抓一些种子放在手中搓几下来判断干湿度。

11.如何识别蔬菜种子的新陈?

(1)大白菜 成熟饱满的新种子,表皮呈铁锈色或红褐色,欠熟种为金红色,表皮光滑新鲜,胚芽处略凹,用指甲压开,子叶为米黄色或黄绿色,油脂较多,表皮不易破裂;陈种子表皮呈暗铁锈色或深褐色,发暗,无光泽,常有一层"白霜",用指甲压开,子叶为橙黄色,表皮碎裂成小块。

（2）甘蓝　新种子表皮枣红色或褐红色,有光泽,种子大而圆,用指甲压开,饱满种子子叶为米黄色,欠熟种子子叶为黄绿色,压破后种皮与子叶相连,不易破裂,油脂多;陈种子表皮铁锈色或褐红色,压破后子叶与种皮各自破裂成小块。

（3）黄瓜　新种子表皮为乳白色或白色,有光泽,端部毛刺较尖,将手伸进种子袋内拔出时,往往挂有大量种子;种皮较韧,剥开时片与片可连,种仁放在纸上一压成泥状,纸被油脂印染变色。陈种子表皮无光泽,将手伸进种子袋内拔出时,种子很少挂手;种皮较脆,剥时不易相连。

（4）番茄　新种子种毛整齐、斜生,长而细软,用手搓,种毛不易被搓掉;切开种子,种仁易挤出,呈乳白色,用指甲压种仁成泥状,油脂可印染纸,手心有刺痛感,种毛易被搓掉或搓乱;陈种子,切开后,种仁不易挤出。

（5）茄子　新种子表皮橙黄色或接近人体肤色,边缘略带黄色,用门齿咬时易滑落,用手扭时有韧性,破处卷曲,子叶与种皮不易脱开;陈种子呈浅橙黄色,门齿咬时易被咬住,用手扭时无韧性,皮较脆。

（6）辣椒　新种子表皮呈深米黄色,脐部橙黄色,有光泽,牙咬柔软不易被切断,辣味较大;陈种子表皮呈浅米黄色,牙咬硬而脆,易被切断,辣味小或无辣味。

（7）萝卜　新种子表皮光滑,湿润,呈浅铁锈色或棕褐色,表皮无皱纹或很少皱纹;陈种子表皮发暗无光泽,干燥,呈深铁锈色或深棕褐色。

（8）芹菜　新种子表皮土黄色稍带绿,辛香味很浓;陈种子表皮为土黄色,辛香味较淡。

（9）葱蒜类蔬菜包括圆葱、大葱、韭菜等　新种子表皮深黑色,有光泽,胚乳白色,具有该品种原有的腥味;陈种子表皮黑色发暗,胚乳发黄。

12.按照《种子法》的规定,生产、经营假、劣种子的,应承担什么责任?

生产、经营假、劣种子的,由县级以上人民政府农业、林业行政主管部门或者工商行政管理机关责令停止生产、经营,没收种子和违法所得,吊销种子生产许可证、种子经营许可证或者营业执照,并处以罚款;有违法所得的,处以违法所得5倍以上10倍以下罚款;没有违法所得的,处以2000元以上50000元以下罚款;构成犯罪的,依法追究刑事责任。

五、农业机械化和农业机械管理

【实例解答】农业机械化怎么带富了一村人?

江西省赣州市于都县新陂乡新陂村是一个靠圩镇的行政村。近几年,这个村在党的购机补贴好政策哺育下,全村添置了耕整机、机动打谷机、抽水机、手扶拖拉机、碾米机、粉碎机、磨豆腐机、变型运输机、收割机等各类农业机械300多台。这些农业机械使全村粮食年年丰收,经济收入岁岁增长。家家户户盖新房、买摩托、买电视,农业机械给这个村带来了好运,旧貌换新颜。

在前几年特大旱情面前,由于发挥了全村的农机排灌设备的作用,基本实现无受旱水田。实现农业机械化,使村民们腾出了大量的时间从事其他油料作物和经济作物的栽培,林果业也得到了同步大发展;同时第三产业也初具规模。小酒厂、豆制品厂,建筑材料厂、木工材料加工厂、小百货买卖店等都建起来了,活跃了全村经济。农业机械化为农民抢农时,深耕细作打下了基础,80%的农户水稻产量一季上千斤。全村的经济如芝麻开花节节高。80%以上的村民盖起了新房,买了摩托,买上了大彩电。村民们感慨地说:"农业机械化给我们村带来了好运,富了一村人。"

1.什么是《农业机械化促进法》所称的农业机械化和农业机械?

农业机械化,是指运用先进适用的农业机械装备农业,改善农业生产经营条件,不断提高农业的生产技术水平和经济效益、生态效益的过程。

农业机械,是指用于农业生产及其产品初加工等相关农事活动的机械、设备。

2.购买先进适用的农业机械有哪些优惠政策?

中央财政、省级财政应当分别安排专项资金,对农民和农业生产经营组织购买国家支持推广的先进适用的农业机械给予补贴。补贴资金的使用应当遵循公开、公正、及时、有效的原则,可以向农民和农业生产经营组织发放,也可以采用贴息方式支持金融机构向农民和农业生产经营组织购买先进适用的农业机械提供贷款。具体办法由国务院规定。

从事农业机械生产作业服务的收入,按照国家规定给予税收优惠。

国家根据农业和农村经济发展的需要,对农业机械的农业生产作业用燃油安排财政补贴。燃油补贴应当向直接从事农业机械作业的农民和农业生产经营组织发放。具体办法由国务院规定。

3.《中华人民共和国农业机械维修管理规定》对农业机械维修是怎么规定的?

农业机械维修,是指使用工具、仪器、设备,对农业机械进行维护和修理,使其保持、恢复技术状态和工作能力的技术服务活动维修资格。

农业机械维修者,应当具备符合有关农业行业标准规定的设备、设施、人员、质量管理、安全生产及环境保护等条件,取得相应类别和等级的《农业机械维修技术合格证》,并持《农业机械维修技术合格证》到工商行政管理部门办理工商注册登记手续后,方可从事农业机械维修业务。

农业机械维修业务根据维修项目,分为综合维修和专项维修两类。综合维修根据技术条件和服务能力,分为一、二、三级。

(1)取得一级农业机械综合维修业务资格的,可以从事整机维修竣工检验工作,以及二级农业机械综合维修业务的所有项目。

(2)取得二级农业机械综合维修业务资格的,可以从事各种农业机械的整车修理和总成、零部件修理,以及三级农业机械综合维修业务的所有项目。

(3)取得三级农业机械综合维修业务资格的,可以从事常用农业机械的局部性换件修理、一般性故障排除以及整机维护。

(4)取得农业机械专项维修业务资格的,可以从事农业机械电器修理、喷油泵和喷油器修理、曲轴磨修、气缸镗磨、散热器修理、轮胎修补、电气焊、钣金修理和喷漆等专项维修。

4.申领《农业机械维修技术合格证》,提交哪些材料?

申领《农业机械维修技术合格证》,应当向县级人民政府农业机械化主管部门提出,并提交材料:

(1)农业机械维修业务申请表;

(2)申请人身份证明、企业名称预先核准通知书或者营业执照;

(3)相应的维修场所和场地使用证明;

(4)主要维修设备和检测仪器清单;

(5)主要从业人员的职业资格证明。

县级人民政府农业机械化主管部门应当自受理申请之日起20个工作日内做出是否发放《农业机械维修技术合格证》的决定。不予发放的,应当书面告知申请人并说明理由。

农业机械维修者和维修配件销售者应当向农业机械消费者如实说明维修配件的真实质量状况,农业机械维修者使用可再利用旧配件进行维修时,应当征得送修者同意,并保证农业机械安全性能符合国家安全标准。

5.禁止农业机械维修者和维修配件销售者从事哪些活动?

农业机械维修者和维修配件销售者禁止从事下列活动:

(1)销售不符合国家技术规范强制性要求的农业机械维修配件;

(2)使用不符合国家技术规范强制性要求的维修配件维修农业机械；

(3)以次充好、以旧充新,或者作引人误解的虚假宣传；

(4)利用维修零配件和报废机具的部件拼装农业机械整机；

(5)承揽已报废农业机械维修业务。

6.什么是农业机械维修的质量保证期制度？

在质量保证期内,农业机械因维修质量不合格的,维修者应当免费重新修理。

整机或总成修理质量保证期为3个月。

农业机械维修配件销售者对其销售的维修配件质量负责。农业机械维修配件应当用中文标明产品名称、生产厂厂名和厂址,有质量检验合格证。

在质量保证期内的维修配件,应当按照有关规定包修、包换、包退。

农业机械维修者应当使用符合标准的量具、仪表、仪器等检测器具和其他维修设备,对农业机械的维修应当填写维修记录,并于每年1月份向农业机械化主管部门报送上一年度维修情况统计表。

7.农业机械维修当事人因维修质量发生争议如何处理？

农业机械维修当事人因维修质量发生争议,可以向农业机械化主管部门投诉,或者向工商行政管理部门投诉,农业机械化主管部门和工商行政管理部门应当受理,调解质量纠纷。调解不成的,应当告知当事人向人民法院提起诉讼或者向仲裁机构申请仲裁。

第六篇　农村经济生活篇

一、农村经济活动参与者管理

【实例解答】"重庆市秀福种养殖专业合作社"为什么能够取得成功？

重庆市秀福种养殖专业合作社（以下简称合作社）以广大社员种养殖为主体，分类组合了养殖大户、营销大户和畜牧技术人员，有社员280人，分布在重庆市的三个区（县）五个镇（街道）。于2009年3月经重庆市渝北区工商局审核予以工商登记注册，注册资金一百万元。企业性质为合作社，主营肉（种）兔、蔬菜、果林、泥鳅、土（蛋）鸡、农业生产资料购售、农产品加工、进出口贸易。

合作社目前的产值1610.4万元，固定资产1200万元。拥有3万套规模的蛋鸡场、年出栏10万只以上的兔场、年出栏30万只土鸡散养基地、1000亩（1公顷＝15亩，余同）优质翠冠梨种植示范基地、八百亩的无公害蔬菜生产基地和3百亩金针菇生产示范小区。拥有"秀福"牌、"翠惊缘"牌和"渝水莲"牌三个注册商标。

合作社之所以能有如此成功的业绩，主要有以下几方面的突出经验：

（1）核心产品的定位。通过调查并分析国内的家禽市场，清楚地认识到随着人民群众生活水平的提高，人们对禽肉产品在安全、健康上提出了更高的要求。从而认清了今后家禽发展的基本方向，所生产的食用禽肉必须无污染，不含抗生素、农药，重金属元素含量不超标，肉质细腻，味香汤鲜。认识到要在今后的竞争中取得先机，必须拥有自己的优质肉兔、土鸡等品种，开展"伊拉兔"和本地土杂鸡选育课题，把伊拉兔和土杂鸡确定为合作社的核心产品发展战略。

(2) 以市场为导向,建立品牌。聘请了有关专家给予技术指导,从事兔和土鸡品种选育和提纯复壮工作,建立了完整的饲养管理记录和孵化记录,保证品种质量。制定了兔和鸡免疫程序、消毒规程、常见病防治及药物使用操作规程。严格控制抗生素的使用量和休药期,保证绿色、无公害兔和鸡的质量安全。建立兽医防疫岗位责任制。严格按绿色、无公害的要求组织生产。健全了合作社各项规章制度:包括生产管理制度、销售服务制度、安全卫生管理制度、质量保证制度、不合格产品处理制度等。制定和修改了《合作社章程》、《合作社饲养基地员工责任制》、《合作社岗位责任制》等规章制度。合作社实行统一使用商标、统一合作标准、统一提供兔(鸡)苗、统一提供饲料、统一饲养规程、统一技术服务、统一加工销售和统一结算分配等"八项统一"。实行"订单"饲养模式。合作社与饲养户的关系采取紧密型与松散型两种形式。紧密型是饲养户投入资金参与,除了得到劳务费外还有合作社的利润分成。松散型是必须有资金进行担保,饲养户投入饲养场地和劳力,获得饲养劳务费,还享有二次返利分红,产品按市场价收购,合作社与其共担风险。合作社先后进行了有机、绿色和无公害食品的认证,合作社社员获得有机食品认证一个,绿色食品认证一个;2010年的有机食品认证、绿色食品认证和无公害食品认证,共计8项正在申报办理之中。

(3) 完善西部农产品物流配送中心营销网络。合作社和产品批发市场之间建立了稳定的合作关系。依托"合作社直销部和西部农产品物流配送中心"流通平台,向周边省市和出口地区进行分级包装、加工、贴牌、终端配送等形式,吸纳全市各类农民专业合作社的农产品归口到物配中心,并使之得到市场全面消化和利益的最大化。聘请了四位有销售经验的业务经理,在重庆市各大超市搞促销、高档住宅区做展示、社区做宣传、高校做公关、政府机关做推广等工作。合作社实现名牌战略的过程中,不断做专、做大、做强,增加产品品种,形成高、中、低的产品线,除了优质兔和土鸡系列产品外,还推出了无公害莲藕、有机翠冠梨、绿色金针菇、无公害童子鸭、无公害蔬菜等。

1. 什么是个体工商户？它有哪些特征？

公民在法律允许的范围内，依法经核准登记，从事工商业经营的，为个体工商户。个体工商户是在法律允许的范围之内，依法经核准登记，从事工商业经营的自然人。

个体工商户具有以下特征：(1)个体工商户是从事工商业经营的自然人或家庭。自然人或以个人为单位，或以家庭为单位从事工商业经营，均为个体工商户。根据法律有关政策，可以申请个体工商户经营的主要是城镇待业青年、社会闲散人员和农村村民。(2)自然人从事个体工商业经营必须依法核准登记。个体工商户的登记机关是县以上工商行政管理机关。个体工商户经核准登记，取得营业执照后，才可以开始经营。个体工商户转业、合并、变更登记事项或歇业，也应办理登记手续。(3)个体工商户只能经营法律、政策允许个体经营的行业。

2. 个体工商户的基本权利有哪些？

个体工商户的正当经营活动受法律保护，对其经营的资产和合法收益，个体工商户享有所有权。个体工商户可以在银行开设账户，向银行申请贷款，有权申请商标专用权，有权签订劳动合同及请帮工、带学徒，还享有起字号、刻印章的权利。

3. 个体工商户的债务如何负担？

个体工商户的债务，个人经营的，以个人财产承担；家庭经营的，以家庭财产承担。即：以个人名义申请登记的个体工商户，个人经营、收益也归个人者，对债务负个人责任；以家庭共同财产投资，或者收益的主要部分供家庭成员消费的，其债务由家庭共有财产清偿；在夫妻关系存续期间，一方从事个体工商户经营，其收入作为夫妻共有财产者，其债务由夫妻共有财产清偿；家庭全体成员共同出资、共同经营的，其债务由家庭共有财产清偿。

4. 个体户如何取得营业执照？

(1)租房子或者有现成的门店，拿着门店的租房合同、身份证去所在地的工商所核准名称,也就是起名字。

(2)从工商所领取个体工商户注册申请书、和名称原件填写完毕在去所里进行注册。

(3)工商所给发营业执照。

(4)持营业执照到公安局指定机构刻章。

(5)办理组织机构代码证。

(6)银行开户(企业基本户)银行办理业务存取支票使用。

5.个体户的纳税标准是多少?

一般税务局会进行实地调查,确定定额,并下达"核定定额通知书"给农民朋友的。其内容除告知核定的销售额和缴纳期限外,还包括以下内容:

根据国家税务总局《个体工商户定期定额征收管理办法》文件精神,定期定额征收方式适用的税种及税率如下:(1)根据《中华人民共和国增值税暂行条例》规定,自 2009 年 1 月 1 日起,小规模纳税人增值税征收率为 3%。增值税由国税局征收。(2)以下税费由地税局征收:营业税按照咨询业务收入依照 5%税率计算缴纳。城市维护建设税按增值税税额+营业税税额依城建税税率计算缴纳;(城建税税率:在城市的 7%;在县城、建制镇的 5%;不在城市、县城、建制镇的 1%)。(3)教育费附加按增值税税额+营业税税额依 3%费率计算缴纳。(4)个人所得税按个体工商户的生产、经营所得,以每一纳税年度的收入总额,减除成本、费用以及损失后的余额,为应纳税所得额。适用 5%~35%的超额累进税率。对于个体户普遍采取附征的办法,附征率一般在 1%~3%之间,普遍在 2%左右。

6.什么是合伙企业?

合伙企业,是指自然人、法人和其他组织依照《合伙企业法》在中国境内设立的普通合伙企业和有限合伙企业。

普通合伙企业由普通合伙人组成,合伙人对合伙企业债务承担无限连带责任。《合伙企业法》对普通合伙人承担责任的形式有特别规定的,从其规定。

有限合伙企业由普通合伙人和有限合伙人组成,普通合伙人对合伙企业债务承担无限连带责任,有限合伙人以其认缴的出资额为限对合伙企业债务承担责任。

7.申请设立合伙企业,应当向企业登记机关提交哪些文件?

申请设立合伙企业,应当向企业登记机关提交登记申请书、合伙协议书、合伙人身份证明等文件。

合伙企业的经营范围中有属于法律、行政法规规定在登记前须经批准的项目的,该项经营业务应当依法经过批准,并在登记时提交批准文件。

申请人提交的登记申请材料齐全、符合法定形式,企业登记机关能够当场登记的,应予当场登记,发给营业执照。除前款规定情形外,企业登记机关应当自受理申请之日起20日内,作出是否登记的决定。予以登记的,发给营业执照;不予登记的,应当给予书面答复,并说明理由。

合伙企业的营业执照签发日期,为合伙企业成立日期。

合伙企业领取营业执照前,合伙人不得以合伙企业名义从事合伙业务。

8.设立普通合伙企业合伙企业,应当具备哪些条件?

设立普通合伙企业合伙企业,应当具备以下条件:

(1)有两个以上合伙人。合伙人为自然人的,应当具有完全民事行为能力;

(2)有书面合伙协议;

(3)有合伙人认缴或者实际缴付的出资;

(4)有合伙企业的名称和生产经营场所;

(5)法律、行政法规规定的其他条件。

合伙企业名称中应当标明"普通合伙"字样。

9.普通合伙企业合伙人以什么财产形式出资?

合伙人可以用货币、实物、知识产权、土地使用权或者其他财产权利出资,也可以用劳务出资。

合伙人以实物、知识产权、土地使用权或者其他财产权利出资,需要评估作价的,可以由全体合伙人协商确定,也可以由全体合伙人委托法定评估机构评估。合伙人以劳务出资的,其评估办法由全体合伙人协商确定,并在合伙协议中载明。合伙人应当按照合伙协议约定的出资方式、数额和缴付期限,履行出资义务。以非货币财产出资的,依照法律、行政法规的规定,需要办理财产权转移手续的,应当依法办理。

10.合伙协议应当载明哪些事项?

合伙协议应当载明以下事项:

(1)合伙企业的名称和主要经营场所的地点;
(2)合伙目的和合伙经营范围;
(3)合伙人的姓名或者名称、住所;
(4)合伙人的出资方式、数额和缴付期限;
(5)利润分配、亏损分担方式;
(6)合伙事务的执行;
(7)入伙与退伙;
(8)争议解决办法;
(9)合伙企业的解散与清算;
(10)违约责任。

合伙协议经全体合伙人签名、盖章后生效。合伙人按照合伙协议享有权利,履行义务。

11.哪些是合伙企业的财产?

合伙人的出资、以合伙企业名义取得的收益和依法取得的其他财产,均为合伙企业的财产。

12.合伙人转让财产应该怎么做?

除合伙协议另有约定外,合伙人向合伙人以外的人转让其在合伙企业中的全部或者部分财产份额时,须经其他合伙人一致同意。

合伙人之间转让在合伙企业中的全部或者部分财产份额时,应当通知其他合伙人。

13. 合伙人如何执行合伙事务?

合伙人对执行合伙事务享有同等的权利。按照合伙协议的约定或者经全体合伙人决定,可以委托一个或者数个合伙人对外代表合伙企业,执行合伙事务。

作为合伙人的法人、其他组织执行合伙事务的,由其委派的代表执行。

14. 合伙企业的哪些事项应当经全体合伙人一致同意?

合伙企业的以下事项应当经全体合伙人一致同意:
(1)改变合伙企业的名称;
(2)改变合伙企业的经营范围、主要经营场所的地点;
(3)处分合伙企业的不动产;
(4)转让或者处分合伙企业的知识产权和其他财产权利;
(5)以合伙企业名义为他人提供担保;
(6)聘任合伙人以外的人担任合伙企业的经营管理人员。

15. 合伙企业的利润如何分配? 亏损如何分担?

合伙企业的利润分配、亏损分担,按照合伙协议的约定办理;合伙协议未约定或者约定不明确的,由合伙人协商决定;协商不成的,由合伙人按照实缴出资比例分配、分担;无法确定出资比例的,由合伙人平均分配、分担。

合伙协议不得约定将全部利润分配给部分合伙人或者由部分合伙人承担全部亏损。

16. 合伙企业如何承担债务?

合伙企业对其债务,应先以其全部财产进行清偿。

合伙企业不能清偿到期债务的,合伙人承担无限连带责任。

合伙人由于承担无限连带责任,清偿数额超过《合伙企业法》规定的其亏损分担比例的,有权向其他合伙人追偿。

17. 对新合伙人入伙有什么要求?

新合伙人入伙,除合伙协议另有约定外,应当经全体合伙人一致同意,并依法订立书面入伙协议。

入伙的新合伙人与原合伙人享有同等权利,承担同等责任。入伙协议另有约定的,从其约定。新合伙人对入伙前合伙企业的债务承担无限连带责任。

18.合伙人有哪些情形当然退伙

当然退伙。是指发生了某种客观情况而导致的退伙。合伙人有下列情形之一的,当然退伙:

(1)作为合伙人的自然人死亡或者被依法宣告死亡;

(2)个人丧失偿债能力;

(3)作为合伙人的法人或者其他组织依法被吊销营业执照、责令关闭、撤销,或者被宣告破产;

(4)法律规定或者合伙协议约定合伙人必须具有相关资格而丧失该资格;

(5)合伙人在合伙企业中的全部财产份额被人民法院强制执行。

有限合伙企业由两个以上50个以下合伙人设立;但是,法律另有规定的除外。

19.有限合伙企业设立要求有哪些?

有限合伙企业至少应当有一个普通合伙人。有限合伙企业名称中应当标明"有限合伙"字样。

合伙协议除应当载明"普通合伙企业"合伙协议的内容外,还应当载明下列事项:

(1)普通合伙人和有限合伙人的姓名或者名称、住所;

(2)执行事务合伙人应具备的条件和选择程序;

(3)执行事务合伙人权限与违约处理办法;

(4)执行事务合伙人的除名条件和更换程序;

(5)有限合伙人入伙、退伙的条件、程序以及相关责任;

(6)有限合伙人和普通合伙人相互转变程序。

20.有限合伙人可以用哪些财产出资?

有限合伙人可以用货币、实物、知识产权、土地使用权或者其他财产权利作价出资。

有限合伙人不得以劳务出资。

21. 什么是《公司法》所称的有限责任公司？

有限责任公司是指依照公司法的规定设立的,股东以其认缴的出资额为限对公司承担责任,公司以其全部资产对公司债务承担责任的企业法人。

22. 设立有限责任公司应当具备哪些条件？

设立有限责任公司,应当具备下列条件：

(1)股东符合法定人数。有限责任公司由50个以下股东出资设立。

(2)股东出资达到法定资本最低限额；

(3)股东共同制定公司章程；

(4)有公司名称,建立符合有限责任公司要求的组织机构；

(5)有公司住所。

23. 有限责任公司章程应当包括哪些事项？

有限责任公司章程应当载明下列事项：

(1)公司名称和住所；

(2)公司经营范围；

(3)公司注册资本；

(4)股东的姓名或者名称；

(5)股东的出资方式、出资额和出资时间；

(6)公司的机构及其产生办法、职权、议事规则；

(7)公司法定代表人；

(8)股东会会议认为需要规定的其他事项。

股东应当在公司章程上签名、盖章。

24. 有限责任公司的股东可以用哪些财产作为出资？

股东可以用货币出资,也可以用实物、知识产权、土地使用权等可以用货币估价并可以依法转让的非货币财产作价出资；但是,法律、行政法规规定不得作为出资的财产除外。

对作为出资的非货币财产应当评估作价,核实财产,不得高估或者低估作价。法律、行政法规对评估作价有规定的,从其规定。

全体股东的货币出资金额不得低于有限责任公司注册资本的30%。

25.什么是出资证明书?

有限责任公司成立后,应当向股东签发出资证明书。出资证明书应当载明下列事项:

(1)公司名称;

(2)公司成立日期;

(3)公司注册资本;

(4)股东的姓名或者名称、缴纳的出资额和出资日期;

(5)出资证明书的编号和核发日期。

出资证明书由公司盖章。

26.有限责任公司的权力机构是什么?

股东会是公司的权力机构,有限责任公司股东会由全体股东组成。

27.怎么办理有限责任公司设立登记?

(1)有限责任公司首先由发起人设立,并由全体股东草拟公司章程。

(2)法律法规对开办公司规定必须报经审批的,在公司登记前应依法办理审批手续。

(3)公司的资本总额应由股东在公司设立前全部缴足。

(4)股东缴纳出资后,应经由法定验资机构验资并出具验资证明。

(5)由公司选定的代表或共同委托的代理人向公司的登记机关申请开办登记。符合条件的准予登记,从而取得法人资格。不符合条件的不准予登记。

28.有限责任公司设立登记应当提交哪些文件?

有限责任公司设立登记应当提交如下文件:

(1)到工商行政管理部门办理的企业名称预先核准申请。由全体股东签字后,授权委托代理人或代表到工商管理部门取得名称预先核准登记。企业名称必须包含有限责任公司或有限公司字样。

(2)公司董事长(执行董事)签署设立的登记申请书。

(3)个体股东指定代表或者委托代理人证明。

(4)股东的法人证明或者自然人身份证明。如果出资人是法人单位的,提交该法人企业营业执照复印件及出资决议;如果出资人是自然人的,提交身份证复印件及其身份证明。

(5)公司章程。

(6)由法定验资机构出具的验资证明。

(7)载明公司董事、监事、经理的姓名、住所的文件以及有关委派、选举或者取胜的证明。

(8)公司住所证明。

(9)法律、法规规定设立有限责任公司必须报经审批的,应提交有关部门批准文件或许可证。

(10)国家工商行政管理局规定提交的其他文件。

29.什么是农民专业合作社?

农民专业合作社是在农村家庭承包经营基础上,同类农产品的生产经营者或者同类农业生产经营服务的提供者、利用者,自愿联合、民主管理的互助性经济组织。

30.农民专业合作社为其成员提供哪些服务?

农民专业合作社以其成员为主要服务对象,提供农业生产资料的购买,农产品的销售、加工、运输、贮藏以及与农业生产经营有关的技术、信息等服务。

31.加入农民合作社有什么好处?

农民加入合作社有下列好处:

(1)提高农民的市场竞争能力和谈判地位。农民专业合作社将社员分散生产的农产品和需要的服务集聚起来,以规模化的方式,进入市场,改变了单个农民的市场弱势地位,提高了农产品竞争力,是将单个农民统一起来共同面对市场的最好选择。

(2)实行标准化生产,保障农产品质量安全,提高产品品质,以更优质的农产品获得更好的效益。农民专业合作社为农民提供的标准化服务可以有效地补充集体统一服务的不足。农民通过专业的技术、市场营销和信息等各项服务,实力得到增强。

(3)有利于农民享受国家对"三农"的扶持政策。国家近年来不断加大对"三农"的扶持力度,对合作社的各项优惠政策有效地促进增加农民收入。

(4)农民加入合作社受法律保护。任何组织和个人不得违背农民意愿,强迫他们成立或参加农民专业合作社;同时,农民专业合作社的各位成员在组织内部地位平等,并实行民主管理,严格依法运作,体现了"民办、民有、民管、民受益"的精神。

32.农民专业合作社应当遵循哪些原则?

农民专业合作社应当遵循如下原则:

(1)成员以农民为主体;

(2)以服务成员为宗旨,谋求全体成员的共同利益;

(3)入社自愿、退社自由;

(4)成员地位平等,实行民主管理;

(5)盈余主要按照成员与农民专业合作社的交易量(额)比例返还。

33.设立农民专业合作社应当具备哪些条件?

设立农民专业合作社应当具备如下条件:

(1)有5名以上符合条件的成员;

(2)有80%以上的农民成员;

(3)有符合本法规定的章程;

(4)有符合本法规定的组织机构;

(5)有符合法律、行政法规规定的名称和章程确定的住所;

(6)有符合章程规定的成员出资。

34.设立大会的职权有哪些?

设立农民专业合作社应当召开由全体设立人参加的设立大

会。设立时自愿成为该社成员的人为设立人。

设立大会行使下列职权:

(1)通过本社章程,章程应当由全体设立人一致通过;

(2)选举产生理事长、理事、执行监事或者监事会成员;

(3)审议其他重大事项。

35.农民专业合作社的章程主要包括什么内容?

农民专业合作社章程应当载明下列事项:

(1)名称和住所;

(2)业务范围;

(3)成员资格及入社、退社和除名;

(4)成员的权利和义务;

(5)组织机构及其产生办法、职权、任期、议事规则;

(6)成员的出资方式、出资额;

(7)财务管理和盈余分配、亏损处理;

(8)章程修改程序;

(9)解散事由和清算办法;

(10)公告事项及发布方式;

(11)需要规定的其他事项。

36.申请设立登记农民专业合作社,应当向工商行政管理部门提交哪些文件?

申请设立登记农民专业合作社,应当向工商行政管理部门提交下列文件:

(1)登记申请书;

(2)全体设立人签名、盖章的设立大会纪要;

(3)全体设立人签名、盖章的章程;

(4)法定代表人、理事的任职文件及身份证明;

(5)出资成员签名、盖章的出资清单;

(6)住所使用证明;

(7)法律、行政法规规定的其他文件。

37.农民专业合作社的成员应当具备什么资格?

具有民事行为能力的公民,以及从事与农民专业合作社业务直接有关的生产经营活动的企业、事业单位或者社会团体,能够利用农民专业合作社提供的服务,承认并遵守农民专业合作社章程,履行章程规定的入社手续的,可以成为农民专业合作社的成员。

38.谁可以成为农民专业合作社成员?

农民专业合作社的成员中,农民至少应当占成员总数的80%。

成员总数20人以下的,可以有一个企业、事业单位或者社会团体成员;成员总数超过20人的,企业、事业单位和社会团体成员不得超过成员总数的5%。

但是,具有管理公共事务职能的单位不得加入农民专业合作社。

39.农民专业合作社办理登记需要交费吗?

《农民专业合作社法》明确规定,农民专业合作社办理登记不得收取费用。

40.农民专业合作社成员享有哪些权利?

农民专业合作社成员享有如下权利:

(1)参加成员大会,并享有表决权、选举权和被选举权,按照章程规定对本社实行民主管理;

(2)利用本社提供的服务和生产经营设施;

(3)按照章程规定或者成员大会决议分享盈余;

(4)查阅本社的章程、成员名册、成员大会或者成员代表大会记录、理事会会议决议、监事会会议决议、财务会计报告和会计账簿;

(5)章程规定的其他权利。

41.农民专业合作社成员承担哪些义务?

农民专业合作社成员承担如下义务:

(1)执行成员大会、成员代表大会和理事会的决议;

(2)按照章程规定向本社出资;

(3)按照章程规定与本社进行交易;

(4)按照章程规定承担亏损;
(5)章程规定的其他义务。

42.农民专业合作社成员大会如何选举和表决?

农民专业合作社成员大会选举和表决,实行一人一票制,成员各享有一票的基本表决权。

出资额或者与本社交易量(额)较大的成员按照章程规定,可以享有附加表决权。本社的附加表决权总票数,不得超过本社成员基本表决权总票数的20%。享有附加表决权的成员及其享有的附加表决权数,应当在每次成员大会召开时告知出席会议的成员。

章程可以限制附加表决权行使的范围。

43.什么是可分配盈余?什么是公积金?

在弥补亏损、提取公积金后的当年盈余,为农民专业合作社的可分配盈余。

农民专业合作社公积金是指合作社为了增强自身经济实力、扩大经营规模、弥补合作社亏损等,按照章程或者合作社成员大会的决议,从合作社的盈余中提取的储备基金。

44.成员资格终止时,能退还记载在该成员账户内的出资额和公积金份额吗?

成员资格终止的,农民专业合作社应当按照章程规定的方式和期限,退还记载在该成员账户内的出资额和公积金份额;对成员资格终止前的可分配盈余,依照法律规定向其返还。

资格终止的成员应当按照章程规定分摊资格终止前本社的亏损及债务。

45.农民专业合作社设有哪些管理机构?

农民专业合作社的管理机构分为权力机构、执行机构和监督机构。

(1)成员大会。它由全体农民专业合作社成员组成,是合作社的权力机构,负责就合作社的重大事项作出决议,集体行使权力。

(2)成员代表大会。它是代表机关,由农民专业合作社全体成员代表组成。

(3)理事会和理事长。他们都是农民专业合作社的业务执行机构,理事长是单个农民个人,是农民专业合作社的法定代表人。

(4)监事会或者执行监事。他们是农民专业合作社的监督机构,对农民专业合作社的理事会和理事长及其经理等管理人员的经营管理行为和农民专业合作社财务进行监督管理。

(5)经理。是农民专业合作社的业务执行机构,负责落实成员大会和理事会的决议。

46.农民专业合作社成员大会有哪些职权?

农民专业合作社成员大会作为权力机构,行使下列职权:

(1)修改章程;

(2)选举和罢免理事长、理事、执行监事或者监事会成员;

(3)决定重大财产处置、对外投资、对外担保和生产经营活动中的其他重大事项;

(4)批准年度业务报告、盈余分配方案、亏损处理方案;

(5)对合并、分立、解散、清算作出决议;

(6)决定聘用经营管理人员和专业技术人员的数量、资格和任期;

(7)听取理事长或者理事会关于成员变动情况的报告;

(8)章程规定的其他职权。

47.农民专业合作社成员大会对决议如何表决?

农民专业合作社召开成员大会,出席人数应当达到成员总数2/3以上。

成员大会选举或者作出决议,应当由本社成员表决权总数过半数通过;作出修改章程或者合并、分立、解散的决议应当由本社成员表决权总数的2/3以上通过。章程对表决权数有较高规定的,从其规定。

农民专业合作社设理事长一名,可以设理事会。理事长为本社的法定代表人。

48.《农民专业合作社法》对理事长、理事、监事会成员或者执行监事的任职资格有何要求?

理事长、理事、经理和财务会计人员不得兼任监事。

理事长、理事、执行监事或者监事会成员,由成员大会从本社成员中选举产生,依照本法和章程的规定行使职权,对成员大会负责。

理事会会议、监事会会议的表决,实行一人一票。

49.农民专业合作社的理事长、理事和管理人员不得从事哪些行为?

农民专业合作社的理事长、理事和管理人员不得有下列行为:

(1)侵占、挪用或者私分本社资产;

(2)违反章程规定或者未经成员大会同意,将本社资金借贷给他人或者以本社资产为他人提供担保;

(3)接受他人与本社交易的佣金归为己有;

(4)从事损害本社经济利益的其他活动。

理事长、理事和管理人员违反前款规定所得的收入,应当归本社所有;给本社造成损失的,应当承担赔偿责任。

农民专业合作社的理事长、理事、经理不得兼任业务性质相同的其他农民专业合作社的理事长、理事、监事、经理。

执行与农民专业合作社业务有关公务的人员,不得担任农民专业合作社的理事长、理事、监事、经理或者财务会计人员。

50.什么是农民专业合作社的成员账户?成员账户记载哪些内容?

成员账户是农民专业合作社专门用来记录成员与合作社交易的情况,以确定其在合作社财产中所拥有份额的会计账户。

农民专业合作社应当为每个成员设立成员账户,主要记载下列内容:

(1)该成员的出资额;

(2)量化为该成员的公积金份额;

(3)该成员与本社的交易量(额)。

51.可分配盈余如何返还或者分配给成员?

可分配盈余按照下列规定返还或者分配给成员,具体分配办法按照章程规定或者经成员大会决议确定:

(1)按成员与本社的交易量(额)比例返还,返还总额不得低于可分配盈余的60%;

(2)按前项规定返还后的剩余部分,以成员账户中记载的出资额和公积金份额,以及本社接受国家财政直接补助和他人捐赠形成的财产平均量化到成员的份额,按比例分配给本社成员。

52.农民专业合作社成员可以退社吗?

农民专业合作社成员要求退社的,应当在财务年度终了的3个月前向理事长或者理事会提出;其中,企业、事业单位或者社会团体成员退社,应当在财务年度终了的6个月前提出;章程另有规定的,从其规定。退社成员的成员资格自财务年度终了时终止。

二、农村经济行为

【实例解答】谁来承担苹果损失的责任?

甲卖给外地批发商乙10吨苹果,约定95%以上的苹果重量不能低于150克,活到验收后付款。10月1日,装载苹果的火车到达乙所在的A市,乙经过验货后发现重量150克以上的苹果只有不到90%,而且一些苹果还有锈斑,于是电话通知甲派人前来处理此事,在此之前自己既不负责苹果的保管,也不会付款。10月3日,甲的外甥丙受甲之托来到A市,发现苹果被堆放在站台上无人看管,已经有部分变质腐坏,而且还有一部分被人偷拿走。在谈判期间丙提出,自己一方交的货存在质量问题虽然属实,但乙在验货后就将苹果弃之不问,致使该批苹果遭到了进一步的损失,这部分损失应当由乙自己承担,乙不能就此损失要求减少应支付的价款。乙则认为自己在合同中又没有说好替甲保管苹果,当然没有这个义务,如果真花钱替甲进行了保管,甲说不定还会抵赖不认账,吃亏的还是自己,所以拒绝甲的要求。

甲卖给乙的苹果质量达不到约定的标准,属于违约行为,但是《合同法》规定,当事人一方违约后,对方应当采取适当措施防止损失的扩大;没有采取适当措施致使损失扩大的,不得就扩大的损失要求赔偿。乙在验货后将苹果丢弃在站台,没有采取适当的保护措施,致使损失进一步扩大,违反了合同法规定的减少违约损失的义务,因此必须承担这部分损失,不得要求甲就这部分损失减少苹果价款。

1. 什么是合同?

合同是平等主体的自然人、法人、其他组织之间设立、变更、终止民事权利义务关系的协议。婚姻、收养、监护等有关身份关系的协议,适用其他法律的规定。

2. 合同法的基本原则是什么?

(1)平等原则 合同当事人的法律地位平等,一方不得将自己的意志强加给另一方。

(2)自愿原则 当事人依法享有自愿订立合同的权利,任何单位和个人不得非法干预。

(3)公平原则 当事人应当遵循公平原则确定各方的权利和义务。

(4)诚实信用原则 当事人行使权利、履行义务应当遵循诚实信用原则。

(5)保护公序良俗原则和合同原则 当事人订立、履行合同,应当遵守法律、行政法规,尊重社会公德,不得扰乱社会经济秩序,损害社会公共利益。

3. 当事人订立合同可以用什么形式?

当事人订立合同,有书面形式、口头形式和其他形式。

法律、行政法规规定采用书面形式的,应当采用书面形式。当事人约定采用书面形式的,应当采用书面形式。

书面形式是指合同书、信件和数据电文(包括电报、电传、传真、电子数据交换和电子邮件)等可以有形地表现所载内容的形式。

4.法律对当事人订立合同的内容有何限制?

合同的内容由当事人约定,一般包括以下条款:

(1)当事人的名称或者姓名和住所;

(2)标的;

(3)数量;

(4)质量;

(5)价款或者报酬;

(6)履行期限、地点和方式;

(7)违约责任;

(8)解决争议的方法。

当事人可以参照各类合同的示范文本订立合同。

5.合同一般何时生效?

依法成立的合同,自成立时生效。法律、行政法规规定应当办理批准、登记等手续生效的,依照其规定。

6.什么是无效合同?什么情形合同无效?

无效合同,是指合同虽然成立,但因其违反法律、行政法规、社会公共利益,被确认为无效。可见,无效合同是已经成立的合同,是欠缺生效要件,不具有法律约束力的合同,不受国家法律保护。

《合同法》规定,有下列情形之一的,合同无效:

(1)一方以欺诈、胁迫的手段订立合同,损害国家利益;

(2)恶意串通,损害国家、集体或者第三人利益;

(3)以合法形式掩盖非法目的;

(4)损害社会公共利益;

(5)违反法律、行政法规的强制性规定。

合同中的免责条款有下列情形的无效:

(1)造成对方人身伤害的;

(2)因故意或者重大过失造成对方财产损失的。

7.什么是可撤销合同？什么情形合同可撤销？撤销权是否会消灭？

可撤销合同是指合同因欠缺一定的生效要件，其有效与否，取决于有撤销权的一方当事人是否行使撤销权的合同。

《合同法》规定，下列合同，当事人一方有权请求人民法院或者仲裁机构变更或者撤销：

（1）因重大误解订立的；

（2）在订立合同时显失公平的。

一方以欺诈、胁迫的手段或者乘人之危，使对方在违背真实意思的情况下订立的合同，受损害方有权请求人民法院或者仲裁机构变更或者撤销。当事人请求变更的，人民法院或者仲裁机构不得撤销。

有下列情形之一的，撤销权消灭：

（1）具有撤销权的当事人自知道或者应当知道撤销事由之日起一年内没有行使撤销权；

（2）具有撤销权的当事人知道撤销事由后明确表示或者以自己的行为放弃撤销权。

8.无效合同和可撤销合同被撤销后产生什么法律后果？

无效的合同或者被撤销的合同自始没有法律约束力。合同部分无效，不影响其他部分效力的，其他部分仍然有效。合同无效、被撤销或者终止的，不影响合同中独立存在的有关解决争议方法的条款的效力。

合同无效或者被撤销后，因该合同取得的财产，应当予以返还；不能返还或者没有必要返还的，应当折价补偿。有过错的一方应当赔偿对方因此所受到的损失，双方都有过错的，应当各自承担相应的责任。当事人恶意串通，损害国家、集体或者第三人利益的，因此取得的财产收归国家所有或者返还集体、第三人。

9.法律允许合同当事人可以因为什么原因解除合同？

根据《合同法》的规定，有下列情形之一的，当事人可以解除合同：

(1)因不可抗力致使不能实现合同目的；

(2)在履行期限届满之前，当事人一方明确表示或者以自己的行为表明不履行主要债务；

(3)当事人一方迟延履行主要债务，经催告后在合理期限内仍未履行；

(4)当事人一方迟延履行债务或者有其他违约行为致使不能实现合同目的；

(5)法律规定的其他情形。

10.合同当事人违约应当如何承担责任？

当事人一方不履行合同义务或者履行合同义务不符合约定的，应当承担继续履行、采取补救措施或者赔偿损失等违约责任。

当事人一方未支付价款或者报酬的，对方可以要求其支付价款或者报酬。

质量不符合约定的，应当按照当事人的约定承担违约责任。对违约责任没有约定或者约定不明确，可以协议补充；不能达成补充协议的，按照合同有关条款或者交易习惯确定，仍不能确定的，受损害方根据标的的性质以及损失的大小，可以合理选择要求对方承担修理、更换、重作、退货、减少价款或者报酬等违约责任。

11.当事人一方违约后采取了补救措施对方还能要求赔偿损失吗？

当事人一方不履行合同义务或者履行合同义务不符合约定的，在履行义务或者采取补救措施后，对方还有其他损失的，应当赔偿损失。

当事人一方不履行合同义务或者履行合同义务不符合约定，给对方造成损失的，损失赔偿额应当相当于因违约所造成的损失，包括合同履行后可以获得的利益，但不得超过违反合同一方订立合同时预见到或者应当预见到的因违反合同可能造成的损失。

12. 当事人可以在签订合同时就预先约定违约金吗？约定好的违约金还能变吗？

当事人可以约定一方违约时应当根据违约情况向对方支付一定数额的违约金，也可以约定因违约产生的损失赔偿额的计算方法。

约定的违约金低于造成的损失的，当事人可以请求人民法院或者仲裁机构予以增加；约定的违约金过分高于造成的损失的，当事人可以请求人民法院或者仲裁机构予以适当减少。

当事人就迟延履行约定违约金的，违约方支付违约金后，还应当履行债务。

13. 当事人约定定金作为合同担保时应该遵守什么规定？

当事人可以约定一方向对方给付定金作为债权的担保。债务人履行债务后，定金应当抵作价款或者收回。给付定金的一方不履行约定的债务的，无权要求返还定金；收受定金的一方不履行约定的债务的，应当双倍返还定金。

当事人既约定违约金，又约定定金的，一方违约时，对方可以选择适用违约金或者定金条款。

14. 什么是不可抗力？发生不可抗力当事人违约可以不用承担违约责任吗？免除违约责任意味着什么责任都不用承担吗？

不可抗力，是指不能预见、不能避免并不能克服的客观情况。

因不可抗力不能履行合同的，根据不可抗力的影响，部分或者全部免除责任，但法律另有规定的除外。当事人迟延履行后发生不可抗力的，不能免除责任。

当事人一方因不可抗力不能履行合同的，应当及时通知对方，以减轻可能给对方造成的损失，并应当在合理期限内提供证明。

15. 当事人一方违约后另一方当事人是否一点责任都没有了？

当事人一方违约后，对方应当采取适当措施防止损失的扩大；没有采取适当措施致使损失扩大的，不得就扩大的损失要求赔偿。

当事人因防止损失扩大而支出的合理费用,由违约方承担。

16.双方都违约怎么办?因第三人原因违约需要向对方承担违约责任吗?

当事人双方都违反合同的,应当各自承担相应的责任。

当事人一方因第三人的原因造成违约的,应当向对方承担违约责任。当事人一方和第三人之间的纠纷,依照法律规定或者按照约定解决。

17.什么情况可以设定担保?担保有几种方式?

在借贷、买卖、货物运输、加工承揽等经济活动中,债权人需要以担保方式保障其债权实现的,可以依照《担保法》的规定设定担保。《担保法》规定的担保方式为保证、抵押、质押、留置和定金。

18.什么是保证?哪些人可以作保证人?

保证,是指保证人和债权人约定,当债务人不履行债务时,保证人按照约定履行债务或者承担责任的行为。

具有代为清偿债务能力的法人、其他组织或者公民,可以作保证人。国家机关不得为保证人,但经国务院批准为使用外国政府或者国际经济组织贷款进行转贷的除外。学校、幼儿园、医院等以公益为目的的事业单位、社会团体不得为保证人。企业法人的分支机构、职能部门不得为保证人。企业法人的分支机构有法人书面授权的,可以在授权范围内提供保证。

19.什么是抵押?

抵押,是指债务人或者第三人不转移对抵押财产的占有,将该财产作为债权的担保。债务人不履行债务时,债权人有权依照《担保法》规定以该财产折价或者以拍卖、变卖该财产的价款优先受偿。

20.哪些财产可以抵押?

下列财产可以抵押:

(1)抵押人所有的房屋和其他地上定着物;

(2)抵押人所有的机器、交通运输工具和其他财产;

(3)抵押人依法有权处分的国有的土地使用权、房屋和其他地上定着物;

(4)抵押人依法有权处分的国有的机器、交通运输工具和其他财产;

(5)抵押人依法承包并经发包方同意抵押的荒山、荒沟、荒丘、荒滩等荒地的土地使用权;

(6)依法可以抵押的其他财产。

21.哪些财产不可以抵押?

下列财产不得抵押:

(1)土地所有权;

(2)耕地、宅基地、自留地、自留山等集体所有的土地使用权,但《担保法》规定可以抵押的除外;

(3)学校、幼儿园、医院等以公益为目的的事业单位、社会团体的教育设施、医疗卫生设施和其他社会公益设施;

(4)所有权、使用权不明或者有争议的财产;

(5)依法被查封、扣押、监管的财产;

(6)依法不得抵押的其他财产。

22.什么是质押?

质押,是指债务人或者第三人将其动产或者权利移交债权人占有,将该动产或者权利作为债权的担保。债务人不履行债务时,债权人有权依照《担保法》规定以该动产或者权利折价或者以拍卖、变卖该动产或者权利的价款优先受偿。

23.哪些权利可以质押?

下列权利可以质押:

(1)汇票、支票、本票、债券、存款单、仓单、提单;

(2)依法可以转让的股份、股票;

(3)依法可以转让的商标专用权,专利权、著作权中的财产权;

(4)依法可以质押的其他权利。

24.什么是留置?

留置,是指依照《担保法》的规定,债权人按照合同约定占有债务人的动产,债务人不按照合同约定的期限履行债务的,债权人有权依照法律规定留置该财产,以该财产折价或者以拍卖、变卖该财产的价款优先受偿。

因保管合同、运输合同、加工承揽合同发生的债权,债务人不履行债务的,债权人有留置权。法律规定可以留置的其他合同,适用此规定。当事人可以在合同中约定不得留置的物。

25.当事人约定定金作为担保方式应该遵守什么规定?

当事人可以约定一方向对方给付定金作为债权的担保。定金的数额由当事人约定,但不得超过主合同标的额的20%。

债务人履行债务后,定金应当抵作价款或者收回。给付定金的一方不履行约定的债务的,无权要求返还定金;收受定金的一方不履行约定的债务的,应当双倍返还定金。

定金应当以书面形式约定。当事人在定金合同中应当约定交付定金的期限。定金合同从实际交付定金之日起生效。

26.什么是不正当竞争行为?

不正当竞争行为是指经营者违反法律规定,损害其他经营者的合法权益,扰乱社会经济秩序的行为。经营者,是指从事商品经营或者营利性服务的法人、其他经济组织和个人。

27.假冒的欺骗性交易行为包括哪些?

经营者不得采用下列不正当手段从事市场交易,损害竞争对手:

(1)假冒他人的注册商标;

(2)擅自使用知名商品特有的名称、包装、装潢,或者使用与知名商品近似的名称、包装、装潢,造成和他人的知名商品相混淆,使购买者误认为是该知名商品;

(3)擅自使用他人的企业名称或者姓名,引人误认为是他人的商品;

(4)在商品上伪造或者冒用认证标志、名优标志等质量标志,伪造产地,对商品质量作引人误解的虚假表示。

经营者违反法律规定,从事假冒的欺骗性交易行为,应当受到行政处罚,严重者应当承担刑事责任。

28.什么是滥用经济优势地位进行限制竞争行为?

滥用经济优势地位进行限制竞争行为是指公用企业或者其他依法具有独占地位的经营者,限定他人购买其指定的经营者的商品,以排挤其他经营者的公平竞争的行为。

经营者违反法律规定,从事滥用经济优势地位进行限制竞争行为,应当受到行政处罚。

29.什么是以行政权力限制竞争的行为?

以行政权力限制竞争行为是指政府及其所属部门滥用行政权力,限定他人购买其指定的经营者的商品,限制其他经营者正当的经营活动。政府及其所属部门滥用行政权力,限制外地商品进入本地市场,或者本地商品流向外地市场。

政府及其所属部门滥用行政权力,从事限制竞争行为,应当受到行政处罚。

30.什么是商业贿赂行为?

商业贿赂行为是指经营者在市场活动中,为争取不公平的交易条件或交易机会,采用财物或者其他手段,贿赂对方单位或者个人的行为。

根据法律规定,经营者销售或者购买商品,可以以明示方式给对方折扣,可以给中间人佣金。经营者给对方折扣、给中间人佣金的,必须如实入账。接受折扣、佣金的经营者必须如实入账。在账外暗中给予对方单位或者个人回扣的,以行贿论处;对方单位或者个人在账外暗中收受回扣的,以受贿论处。

经营者违反法律规定,从事商业贿赂行为,应当受到行政、刑事处罚。

31.什么是虚假宣传行为?

虚假宣传行为是指经营者采取虚假宣传进行销售的行为。根据法律规定,经营者不得利用广告或者其他方法,对商品的质量、制作成分、性能、用途、生产者、有效期限、产地等作引人误解的虚假宣传。广告的经营者不得在明知或者应知的情况下,代理、设计、制作、发布虚假广告。

经营者违反法律规定,从事虚假宣传行为,应当受到行政处罚。

32.什么是商业秘密?侵犯商业秘密的行为有哪些?

商业秘密是指不为公众所知悉,能为权利人带来经济利益,具有实用性并经权利人采取保密措施的技术信息和经营信息。

经营者不得采用下列手段侵犯商业秘密:

(1)以盗窃、利诱、胁迫或者其他不正当手段获取权利人的商业秘密;

(2)披露、使用或者允许他人使用以前项手段获取权利人的商业秘密;

(3)违反约定或者违反权利人有关保守商业秘密的要求,披露、使用或者允许他人使用其所掌握的商业秘密。

第三人明知或者应知前款所列违法行为,获取、使用或者披露他人的商业秘密,视为侵犯商业秘密。

经营者违反法律规定,侵害商业秘密,应当受到行政、刑事处罚。

33.什么是倾销行为?

倾销行为是指经营者以排挤对手为目的,以低于成本的价格销售商品。

但是,有下列情形之一的,不属于倾销行为:

(1)销售鲜活商品;

(2)处理有效期限即将到期的商品或者其他积压的商品;

(3)季节性降价;

(4)因清偿债务、转产、歇业降价销售商品;

经营者违反法律规定,从事倾销行为,应当受到行政处罚。

34.什么是搭售行为?

搭售行为是指经营者利用其经济优势,违背购买者意愿,销售商品时搭售商品或者附加其他不合理的条件。

经营者违反法律规定,从事搭售行为,应当受到行政处罚。

35.什么是侵犯商誉行为?

侵犯商誉行为是指经营者故意捏造、散布虚伪事实,损害竞争对手的商业信誉、商品声誉,削弱其竞争能力,从而达到占领市场和扩大市场份额的目的。

经营者违反法律规定,从事侵犯商誉行为,应当受到行政处罚。

36.什么是不正当竞标行为?

不正当竞标行为是指经营者在工程承包等招投标活动中,投标者之间串通投标,抬高标价或者压低标价,或者投标者和招标者相互勾结,以排挤竞争对手的公平竞争。

经营者违反法律规定,从事不正当竞标行为,应当受到行政处罚。

37.什么是劳动合同?谁是订立劳动合同的当事人?

劳动合同是一种协议,它是劳动者与用人单位之间确认劳动关系,明确双方权利和义务的协议。

订立劳动合同的双方当事人,一方是年满16周岁的劳动者,一方是中华人民共和国境内的企业、个体经济组织、民办非企业单位等组织,国家机关、事业单位、社会团体和与其建立劳动关系的劳动者,也应订立劳动合同。

38.劳动合同应当采用什么形式订立?包括什么内容?

建立劳动关系,应当订立书面劳动合同。劳动合同应当具备以下条款:

(1)用人单位的名称、住所和法定代表人或者主要负责人;

(2)劳动者的姓名、住址和居民身份证或者其他有效身份证件

号码;

(3)劳动合同期限;

(4)工作内容和工作地点;

(5)工作时间和休息休假;

(6)劳动报酬;

(7)社会保险;

(8)劳动保护、劳动条件和职业危害防护;

(9)法律、法规规定应当纳入劳动合同的其他事项。

劳动合同除必备条款外,用人单位与劳动者可以约定试用期、培训、保守秘密、补充保险和福利待遇等其他事项。

39.劳动合同应当在什么时候签订?如不签订双方当事人应承担什么法律后果?

用人单位自用工之日起即与劳动者建立劳动关系。建立劳动关系,应当订立书面劳动合同。已建立劳动关系,未同时订立书面劳动合同的,应当自用工之日起一个月内订立书面劳动合同。用人单位自用工之日起满一年不与劳动者订立书面劳动合同的,视为用人单位与劳动者已订立无固定期限劳动合同。

40.用人单位招用劳动者应遵守哪些规定?

用人单位招用劳动者时,应当如实告知劳动者工作内容、工作条件、工作地点、职业危害、安全生产状况、劳动报酬,以及劳动者要求了解的其他情况;用人单位有权了解劳动者与劳动合同直接相关的基本情况,劳动者应当如实说明。用人单位招用劳动者,不得扣押劳动者的居民身份证和其他证件,不得要求劳动者提供担保或者以其他名义向劳动者收取财物。

41.用人单位与劳动者签订试用期应当遵守哪些法律规定?

劳动合同期限 3 个月以上不满一年的,试用期不得超过一个月;劳动合同期限一年以上不满 3 年的,试用期不得超过两个月;3 年以上固定期限和无固定期限的劳动合同,试用期不得超过六个月。同一用人单位与同一劳动者只能约定一次试用期。以完成一定工作任务为期限的劳动合同或者劳动合同期限不满 3 个月的,不得约定试用期。试用期包含在劳动合同期限内。劳动合同仅约定试用期的,试用期不成立,该期限为劳动合同期限。

劳动者在试用期的工资不得低于本单位相同岗位最低档工资或者劳动合同约定工资的 80%,并不得低于用人单位所在地的最低工资标准。在试用期中,除劳动者有法律规定的情形外,用人单位不得解除劳动合同。用人单位在试用期解除劳动合同的,应当向劳动者说明理由。

42. 什么是最低工资?用人单位支付劳动者劳动报酬可以低于最低工资标准吗?

最低工资指劳动者在法定工作时间或依法签订的劳动合同约定的工作时间内提供了正常劳动的前提下,用人单位依法应支付的最低劳动报酬。它不包括加班加点工资,中班、夜班、高温、低温、井下、有毒有害等特殊工作环境、条件下的津贴,以及国家法律法规、政策规定的劳动者保险、福利待遇和企业通过贴补伙食、住房等支付给劳动者的非货币性收入等。

最低工资的具体标准由省、自治区、直辖市人民政府规定,报国务院备案。用人单位支付劳动者的工资不得低于当地最低工资标准。

43. 关于工作时间法律是如何规定的?用人单位可以自行决定延长劳动者工作时间吗?延长工作时间应当如何支付加班工资?

国家实行劳动者每日工作时间不超过 8 小时、平均每周工作时间不超过 40 小时的工时制度。用人单位由于生产经营需要,经与工会和劳动者协商后可以延长工作时间,一般每日不得超过 1 小时;因特殊原因需要延长工作时间的,在保障劳动者身体健康的条件下延长工作时间每日不得超过 3 小时,但是每月不得超过 36 小时。

有下列情形之一的,用人单位应当按照下列标准支付高于劳动者正常工作时间工资的工资报酬:

(1)安排劳动者延长工作时间的,支付不低于工资的 150% 的工资报酬;

(2)休息日安排劳动者工作又不能安排补休的,支付不低于工资的200%的工资报酬;

(3)法定休假日安排劳动者工作的,支付不低于工资的300%的工资报酬。

44.劳动者如何解除与用人单位的劳动合同？

劳动者提前30日以书面形式通知用人单位,可以解除劳动合同。劳动者在试用期内提前3日通知用人单位,可以解除劳动合同。

用人单位有下列情形之一的,劳动者可以解除劳动合同:

(1)未按照劳动合同约定提供劳动保护或者劳动条件的;

(2)未及时足额支付劳动报酬的;

(3)未依法为劳动者缴纳社会保险费的;

(4)用人单位的规章制度违反法律、法规的规定,损害劳动者权益的;

(5)因法律规定的情形致使劳动合同无效的;

(6)法律、行政法规规定劳动者可以解除劳动合同的其他情形。

用人单位以暴力、威胁或者非法限制人身自由的手段强迫劳动者劳动的,或者用人单位违章指挥、强令冒险作业危及劳动者人身安全的,劳动者可以立即解除劳动合同,不需事先告知用人单位。

45.用人单位如何解除与劳动者的劳动合同？

用人单位与劳动者协商一致,可以解除劳动合同。

劳动者有下列情形之一的,用人单位可以解除劳动合同:

(1)在试用期间被证明不符合录用条件的;

(2)严重违反用人单位的规章制度的;

(3)严重失职,营私舞弊,给用人单位造成重大损害的;

(4)劳动者同时与其他用人单位建立劳动关系,对完成本单位的工作任务造成严重影响,或者经用人单位提出,拒不改正的;

(5)因以欺诈、胁迫的手段或者乘人之危,使对方在违背真实意思的情况下订立或者变更劳动合同致使劳动合同无效的;

(6)被依法追究刑事责任的。

有下列情形之一的,用人单位提前30日以书面形式通知劳动者本人或者额外支付劳动者一个月工资后,可以解除劳动合同:

(1)劳动者患病或者非因工负伤,在规定的医疗期满后不能从事原工作,也不能从事由用人单位另行安排的工作的;

(2)劳动者不能胜任工作,经过培训或者调整工作岗位,仍不能胜任工作的;

(3)劳动合同订立时所依据的客观情况发生重大变化,致使劳动合同无法履行,经用人单位与劳动者协商,未能就变更劳动合同内容达成协议的。

46.用人单位不得解除与哪些劳动者的劳动合同?

劳动者有下列情形之一的,用人单位不得依照法律规定解除劳动合同:

(1)从事接触职业病危害作业的劳动者未进行离岗前职业健康检查,或者疑似职业病病人在诊断或者医学观察期间的;

(2)在本单位患职业病或者因工负伤并被确认丧失或者部分丧失劳动能力的;

(3)患病或者非因工负伤,在规定的医疗期内的;

(4)女职工在孕期、产期、哺乳期的;

(5)在本单位连续工作满15年,且距法定退休年龄不足5年的;

(6)法律、行政法规规定的其他情形。

47.用人单位与劳动者解除或者终止劳动合同是否需要支付经济补偿?

有下列情形之一的,用人单位应当向劳动者支付经济补偿:

(1)用人单位有过错,劳动者依照法律规定解除劳动合同的;

(2)用人单位向劳动者提出解除劳动合同并与劳动者协商一致解除劳动合同的;

(3)用人单位依照法律规定提前30日书面通知劳动者或者额外支付一个月工资解除劳动合同的;

(4)用人单位依照法律规定破产重组解除劳动合同的;

(5)除用人单位维持或者提高劳动合同约定条件续订劳动合同,劳动者不同意续订的情形外,终止固定期限劳动合同的;

(6)用人单位被依法宣告破产,用人单位被吊销营业执照、责令关闭、撤销或者用人单位决定提前解散,依照法律规定终止劳动合同的;

(7)法律、行政法规规定的其他情形。

经济补偿按劳动者在本单位工作的年限,每满一年支付一个月工资的标准向劳动者支付。6个月以上不满一年的,按一年计算;不满6个月的,向劳动者支付半个月工资的经济补偿。月工资是指劳动者在劳动合同解除或者终止前12个月的平均工资。

劳动者月工资高于用人单位所在直辖市、设区的市级人民政府公布的本地区上年度职工月平均工资3倍的,向其支付经济补偿的标准按职工月平均工资3倍的数额支付,向其支付经济补偿的年限最高不超过12年。

48.什么是劳务派遣?

劳务派遣,是指由劳务派遣机构与派遣劳工订立劳动合同,由派遣劳工向要派企业(实际用工单位)给付劳务,劳动合同关系存在于劳务派遣机构与派遣劳工之间,但劳动力给付的事实则发生于派遣劳工与要派企业(实际用工单位)之间。

49.劳务派遣单位应遵守哪些法律规定?

劳务派遣单位,应当履行用人单位对劳动者的义务。劳务派遣单位与被派遣劳动者订立的劳动合同,除应当载明劳动合同法规定的事项外,还应当载明被派遣劳动者的用工单位以及派遣期限、工作岗位等情况。

劳务派遣单位应当与被派遣劳动者订立两年以上的固定期限劳动合同,按月支付劳动报酬;被派遣劳动者在无工作期间,劳务派遣单位应当按照所在地人民政府规定的最低工资标准,向其按月支付报酬。

劳务派遣单位派遣劳动者应当与接受以劳务派遣形式用工的单位(用工单位)订立劳务派遣协议。劳务派遣单位应当将劳务派遣协议的内容告知被派遣劳动者。

劳务派遣单位不得克扣用工单位按照劳务派遣协议支付给被派遣劳动者的劳动报酬。劳务派遣单位和用工单位不得向被派遣劳动者收取费用。劳务派遣单位跨地区派遣劳动者的,被派遣劳动者享有的劳动报酬和劳动条件,按照用工单位所在地的标准执行。

50.用工单位应履行哪些义务?

用工单位应当履行下列义务:
(1)执行国家劳动标准,提供相应的劳动条件和劳动保护;
(2)告知被派遣劳动者的工作要求和劳动报酬;
(3)支付加班费、绩效奖金,提供与工作岗位相关的福利待遇;
(4)对在岗被派遣劳动者进行工作岗位所必需的培训;
(5)连续用工的,实行正常的工资调整机制。用工单位不得将被派遣劳动者再派遣到其他用人单位。

51.什么是非全日制用工?法律关于非全日制用工有何规定?

非全日制用工,是指以小时计酬为主,劳动者在同一用人单位一般平均每日工作时间不超过4小时,每周工作时间累计不超过24小时的用工形式。

非全日制用工双方当事人可以订立口头协议。从事非全日制用工的劳动者可以与一个或者一个以上用人单位订立劳动合同;但是,后订立的劳动合同不得影响先订立的劳动合同的履行。

非全日制用工双方当事人不得约定试用期。非全日制用工双方当事人任何一方都可以随时通知对方终止用工。终止用工,用人单位不向劳动者支付经济补偿。

非全日制用工小时计酬标准不得低于用人单位所在地人民政府规定的最低小时工资标准。非全日制用工劳动报酬结算支付周期最长不得超过15日。

第七篇 农村家庭篇

一、婚姻家庭关系处理

【实例解答】什么是《涉及家庭暴力婚姻案件审理指南》？

针对基层人民法院受理的涉及家庭暴力的离婚案件中普遍存在的一系列急需解决的问题，诸如贯彻婚姻法规定的"禁止家庭暴力"与司法干预的程度、司法干预与多元化解的综合运用、家庭暴力的认定标准、诉讼期间受害人的人身安全保障、举证责任的合理分配、女性受害人离婚后贫困化问题、最有利于子女利益的原则等，最高人民法院中国应用法学研究所于2007年8月开始借鉴国外法院的通行做法，根据婚姻法、妇女权益保障法等法律的规定和家庭暴力案件的特点和规律，为法官编写《涉及家庭暴力婚姻案件审理指南》(以下简称《指南》)，2008年5月，《指南》下发各地法院，作为基层人民法院审理此类案件时的参照。《指南》根据家庭暴力的特点，适当调整、矫正和部分转移举证责任，对证据和家庭暴力的认定作出了符合客观实际的要求。

根据该《指南》，部分省级人民法院和基层人民法院已将其主要内容转换为指导性文件，例如，湖南省高级人民法院出台了关于《加强对家庭暴力受害妇女的司法保护的指导性意见》、无锡市崇安区人民法院《关于婚姻案件涉及家庭暴力的认定规则》、长沙市岳麓区人民法院《关于加强家庭暴力受害人人身安全保护的暂行规定》等。相关法院根据《指南》规定，在涉及家庭暴力的婚姻案件审理过程中，作出人身安全保护令，以保护家庭暴力的受害人及其子女和特定亲属的人身安全，确保民事诉讼程序的正常进行。人民法院依法、适时、适度干预家庭暴力的做法，达到了预防家庭暴力再次发生的效果，受到了社会各界高度评价。

1.什么样的男女可以结婚?

根据《婚姻法》规定,结婚应当具备下列条件:

(1)男女双方自愿。《婚姻法》规定,结婚必须男女双方完全自愿,不许任何一方对他方加以强迫或任何第三者加以干涉。

(2)不得低于法定婚龄。《婚姻法》规定,结婚年龄,男不得早于22周岁,女不得早于20周岁。晚婚晚育应予鼓励。

(3)不具备婚姻法禁止结婚的疾病。《婚姻法》规定,有下列情形之一的,禁止结婚:直系血亲和3代以内的旁系血亲;患有医学上认为不应当结婚的疾病。

2.如何办理婚姻登记?

根据《婚姻法》和《婚姻登记条例》的规定,要求结婚的男女双方必须亲自到婚姻登记机关进行结婚登记。内地居民结婚,男女双方应当共同到一方当事人常住户口所在地的婚姻登记机关办理结婚登记。

办理结婚登记的内地居民应当出具下列证件和证明材料:

(1)本人的户口簿、身份证;

(2)本人无配偶以及与对方当事人没有直系血亲和3代以内旁系血亲关系的签字声明。

婚姻登记机关应当对结婚登记当事人出具的证件、证明材料进行审查并询问相关情况。对当事人符合结婚条件的,应当当场予以登记,发给结婚证;对当事人不符合结婚条件不予登记的,应当向当事人说明理由。取得结婚证,即确立夫妻关系。未办理结婚登记的,应当补办登记。

3.办理结婚登记的当事人具有哪些情况,婚姻登记机关不予登记?

根据《婚姻登记条例》的规定,办理结婚登记的婚姻当事人有下列情形之一的,婚姻登记机关不予登记:

(1)未到法定结婚年龄的;

(2)非双方自愿的;

(3)一方或者双方已有配偶的;
(4)属于直系血亲或者3代以内旁系血亲的;
(5)患有医学上认为不应当结婚的疾病的。

4.哪些情况导致婚姻无效?

根据《婚姻法》规定,有下列情形的,婚姻无效:

(1)重婚的;
(2)有禁止结婚的亲属关系的;
(3)婚前患有医学上认为不应当结婚的疾病,婚后尚未治愈的;
(4)未到法定婚龄的。

人民法院受理申请宣告婚姻无效案件后,经审查确属无效婚姻的,应当依法作出宣告婚姻无效的判决。原告申请撤诉的,不予准许。

人民法院受理离婚案件后,经审查确属无效婚姻的,应当将婚姻无效的情形告知当事人,并依法作出宣告婚姻无效的判决。

5.什么样的婚姻可以请求撤销?

根据《婚姻法》规定,因胁迫结婚的,受胁迫的一方可以向婚姻登记机关或人民法院请求撤销该婚姻。所谓胁迫,是指行为人以给另一方当事人或者其近亲属的生命、身体健康、名誉、财产等方面造成损害为要挟,迫使另一方当事人违背真实意愿结婚的情况。

受胁迫的一方撤销婚姻的请求,应当自结婚登记之日起一年内提出。被非法限制人身自由的当事人请求撤销婚姻的,应当自恢复人身自由之日起一年内提出。

因胁迫结婚的,受胁迫的当事人依法向婚姻登记机关请求撤销其婚姻的,应当出具下列证明材料:

(1)本人的身份证、结婚证;
(2)能够证明受胁迫结婚的证明材料。

婚姻登记机关经审查认为受胁迫结婚的情况属实且不涉及子女抚养、财产及债务问题的,应当撤销该婚姻,宣告结婚证作废。

6. 哪些人可以请求宣告婚姻无效或者撤销其婚姻?

根据《婚姻法》以及最高人民法院《关于适用中华人民共和国婚姻法若干问题的解释》(一)的规定,有权依法向人民法院申请宣告婚姻无效的主体,包括婚姻当事人及利害关系人。利害关系人包括:

(1)以重婚为由申请宣告婚姻无效的,为当事人的近亲属及基层组织。

(2)以未达到法定婚龄为由申请宣告婚姻无效的,为未达法定婚龄者的近亲属。

(3)以有禁止结婚的亲属关系为由申请宣告婚姻无效的,为当事人的近亲属。

(4)以婚前患有医学上认为不应当结婚的疾病,婚后尚未治愈为由申请宣告婚姻无效的,为与患病者共同生活的近亲属。

因受胁迫而请求撤销婚姻的,只能是受胁迫一方的婚姻关系当事人本人。

7. 婚姻被宣告无效或者被撤销,其婚姻的效力如何?

根据《婚姻法》规定,无效或被撤销的婚姻,自始无效。当事人不具有夫妻的权利和义务。同居期间所得的财产,由当事人协议处理;协议不成时,由人民法院根据照顾无过错方的原则判决。对重婚导致的婚姻无效的财产处理,不得侵害合法婚姻当事人的财产权益。当事人所生的子女,适用本法有关父母子女的规定。

8. 什么是共同共有?

所谓共同共有是指两个或两个以上的所有人,对其共有的全部财产不分份额地共同享有所有权的共有形式。

共同共有的特征:共同共有不确定份额;共同共有是以人身关系为前提;共同共有人对共有物平等地享有权利、分担义务。

9. 哪些财产属于夫妻共同共有?

根据《婚姻法》以及最高人民法院《关于适用中华人民共和国婚姻法若干问题的解释》(二)的规定,夫妻在婚姻关系存续期间所

得的下列财产,归夫妻共同所有:

(1)工资、奖金;

(2)生产、经营的收益;

(3)知识产权的收益;

(4)继承或赠与所得的财产,但婚姻法第十八条第三项规定的除外;

(5)一方以个人财产投资取得的收益;

(6)男女双方实际取得或应当取得的住房补贴、住房公积金;

(7)男女双方实际取得或者应当取得的养老保险金、破产安置补偿费;

(8)由一方婚前承租、婚后用共同财产购买的房屋,房屋权属证书登记在一方名下的,应当认定为夫妻共同财产。

(9)其他应当归共同所有的财产。

10.哪些财产属于个人所有的财产?

根据《婚姻法》以及最高人民法院《关于适用中华人民共和国婚姻法若干问题的解释》(二)的规定,下列财产为夫妻一方的财产:

(1)一方的婚前财产;

(2)一方因身体受到伤害获得的医疗费、残疾人生活补助费等费用;

(3)遗嘱或赠与合同中确定只归夫或妻一方的财产;

(4)一方专用的生活用品;

(5)军人的伤亡保险金、伤残补助金、医药生活补助费属于个人财产;

(6)其他应当归个人所有的财产。

11.当事人结婚前或结婚后,父母为双方购置房屋的出资由谁享有所有权?

根据最高人民法院《关于适用中华人民共和国婚姻法若干问题的解释》(二)的规定,当事人结婚前,父母为双方购置房屋出资的,该出资应当认定为对自己子女的个人赠与,但父母明确表示赠与双方的除外。当事人结婚后,父母为双方购置房屋出资的,该出资应当认定为对夫妻双方的赠与,但父母明确表示赠与一方的除外。

12. 夫妻能否以协议对婚前或婚后所得财产的权属进行约定?

夫妻可以通过协议对婚前或婚后所得财产的权属进行约定。根据《婚姻法》规定,夫妻可以约定婚姻关系存续期间所得的财产以及婚前财产归各自所有、共同所有或部分各自所有、部分共同所有。约定应当采用书面形式。没有约定或约定不明确的,适用婚姻法关于法定财产制的规定。

夫妻对婚姻关系存续期间所得的财产以及婚前财产的约定,对双方具有约束力。

夫妻对婚姻关系存续期间所得的财产约定归各自所有的,夫或妻一方对外所负的债务,第三人知道该约定的,以夫或妻一方所有的财产清偿。

13. 夫妻之间彼此有哪些权利和义务?

根据《婚姻法》规定,夫妻之间享有以下权利:

(1)夫妻在家庭中地位平等;

(2)夫妻双方都有各自使用自己的姓名的权利;

(3)夫妻双方都有参加生产、工作、学习和社会活动的自由,一方不得对他方加以限制或干涉;

(4)夫妻对共同所有的财产,有平等的处理权;

(5)夫妻有相互继承遗产的权利。

另外,夫妻之间还需要履行下列义务:

(1)夫妻双方都有实行计划生育的义务;

(2)夫妻有相互扶养的义务。一方不履行扶养义务的,需要扶养的一方,有要求对方付给扶养费的权利。

14. 父母、子女之间有哪些权利和义务?

根据《婚姻法》规定,父母对子女有抚养教育的义务;子女对父母有赡养扶助的义务。父母不履行抚养义务时,未成年的或不能独立生活的子女,有要求父母付给抚养费的权利。子女不履行赡养义务时,无劳动能力的或生活困难的父母,有要求子女付给赡养费的权利。禁止溺婴、弃婴和其他残害婴儿的行为。

子女可以随父姓,可以随母姓。

父母有保护和教育未成年子女的权利和义务。在未成年子女对国家、集体或他人造成损害时,父母有承担民事责任的义务。

父母和子女有相互继承遗产的权利。

父母有再婚的权利。子女应当尊重父母的婚姻权利,不得干涉父母再婚以及婚后的生活。子女对父母的赡养义务,不因父母的婚姻关系变化而终止。

非婚生子女享有与婚生子女同等的权利,任何人不得加以危害和歧视。

养父母和养子女间的权利和义务,适用上述对父母子女关系的有关规定。养子女和生父母间的权利和义务,因收养关系的成立而消除。

继父或继母和受其抚养教育的继子女间的权利和义务,适用上述对父母子女关系的有关规定。

15. 夫妻离婚有哪几种方式?

根据《婚姻法》规定,夫妻离婚可以采用两种方式,即协议离婚和诉讼离婚。《婚姻法》规定,男女双方自愿离婚的,准予离婚。双方必须到婚姻登记机关申请离婚。婚姻登记机关查明双方确实是自愿并对子女和财产问题已有适当处理时,发给离婚证。男女一方要求离婚的,可由有关部门进行调解或直接向人民法院提出离婚诉讼。

16. 哪些情况下,人民法院应当准予离婚?

根据《婚姻法》规定,有下列情形之一,调解无效的,应准予离婚:

(1)重婚或有配偶者与他人同居的;

（2）实施家庭暴力或虐待、遗弃家庭成员的；
（3）有赌博、吸毒等恶习屡教不改的；
（4）因感情不和，分居满两年的；
（5）其他导致夫妻感情破裂的情形。

对于因前两项原因导致离婚的，无过错方有权请求对方给予物质损害赔偿和精神损害赔偿。

17. 什么是家庭暴力和虐待？

根据最高人民法院《关于适用中华人民共和国婚姻法若干问题的解释》（一）的规定，所谓家庭暴力是指行为人以殴打、捆绑、残害、强行限制人身自由或者其他手段，给其家庭成员的身体、精神等方面造成一定伤害后果的行为。持续性、经常性的家庭暴力，构成虐待。

18. 对家庭暴力或虐待家庭成员的行为如何进行干预？

根据《婚姻法》规定，实施家庭暴力或虐待家庭成员，受害人有权提出请求，居民委员会、村民委员会以及所在单位应当予以劝阻、调解。

对正在实施的家庭暴力，受害人有权提出请求，居民委员会、村民委员会应当予以劝阻；公安机关应当予以制止。

实施家庭暴力或虐待家庭成员，受害人提出请求的，公安机关应当依照治安管理处罚的法律规定予以行政处罚。

19. 对遗弃家庭成员如何进行干预？

根据《婚姻法》规定，对遗弃家庭成员，受害人有权提出请求，居民委员会、村民委员会以及所在单位应当予以劝阻、调解。对遗弃家庭成员，受害人提出请求的，人民法院应当依法作出支付扶养费、抚养费、赡养费的判决。

20. 如何理解"有配偶者与他人同居"？

根据最高人民法院《关于适用中华人民共和国婚姻法若干问题的解释》（一）的规定，"有配偶者与他人同居"是指有配偶者与婚外异性，不以夫妻名义，持续、稳定地共同居住。

21. 在哪些情况下,男方不得请求离婚?

根据《婚姻法》规定,女方在怀孕期间、分娩后一年内或中止妊娠后6个月内,男方不得提出离婚。女方提出离婚的,或人民法院认为确有必要受理男方离婚请求的,不受此限制。

22. 夫妻离婚后,与子女的权利义务关系如何?

根据《婚姻法》规定,父母与子女间的关系,不因父母离婚而消除。离婚后,子女无论由父或母直接抚养,仍是父母双方的子女。离婚后,父母对于子女仍有抚养和教育的权利和义务。离婚后,哺乳期内的子女,以随哺乳的母亲抚养为原则。哺乳期后的子女,如双方因抚养问题发生争执不能达成协议时,由人民法院根据子女的权益和双方的具体情况判决。

离婚后,一方抚养的子女,另一方应负担必要的生活费和教育费的一部或全部,负担费用的多少和期限的长短,由双方协议;协议不成时,由人民法院判决。关于子女生活费和教育费的协议或判决,不妨碍子女在必要时向父母任何一方提出超过协议或判决原定数额的合理要求。

离婚后,不直接抚养子女的父或母,有探望子女的权利,另一方有协助的义务。行使探望权利的方式、时间由当事人协议;协议不成时,由人民法院判决。父或母探望子女,不利于子女身心健康的,由人民法院依法中止探望的权利;中止的事由消失后,应当恢复探望的权利。

23. 夫妻离婚时,其共有财产应当如何处理?

根据《婚姻法》规定,夫妻离婚时主要应当根据以下原则处理其共有财产:

(1)协议优先原则。离婚时,夫妻的共同财产由双方协议处理;协议不成时,由人民法院根据财产的具体情况,照顾子女和女方权益的原则判决。

(2)家庭承包经营权权益受保护原则。夫或妻在家庭土地承包经营中享有的权益等,应当依法予以保护。

（3）付出较多义务的一方有权请求补偿的原则。夫妻书面约定婚姻关系存续期间所得的财产归各自所有，一方因抚育子女、照料老人、协助另一方工作等付出较多义务的，离婚时有权向另一方请求补偿，另一方应当予以补偿。

（4）对生活困难一方给予适当帮助原则。离婚时，如一方生活困难，另一方应从其住房等个人财产中给予适当帮助。具体办法由双方协议；协议不成时，由人民法院判决。

24. 离婚时应当如何处理共同债务？

根据《婚姻法》及最高人民法院《关于适用婚姻法若干问题的解释》（二）的规定，离婚时，原为夫妻共同生活所负的债务，应当共同偿还。共同财产不足清偿的，或财产归各自所有的，由双方协议清偿；协议不成时，由人民法院判决。

债权人就婚姻关系存续期间夫妻一方以个人名义所负债务主张权利的，应当按夫妻共同债务处理。但夫妻一方能够证明债权人与债务人明确约定为个人债务，或者能够证明夫妻对婚姻关系存续期间所得的财产约定归各自所有的，夫或妻一方对外所负的债务，第三人知道该约定的，以夫或妻一方所有的财产清偿。

当事人的离婚协议或者人民法院的判决书、裁定书、调解书已经对夫妻财产分割问题作出处理的，债权人仍有权就夫妻共同债务向男女双方主张权利。

夫或妻一方死亡的，生存一方应当对婚姻关系存续期间的共同债务承担连带清偿责任。

一方就共同债务承担连带清偿责任后，基于离婚协议或者人民法院的法律文书有权向另一方追偿。

二、财产继承关系处理

【实例解答】 儿子以放弃遗产为条件不赡养母亲，法律能允许吗？

2006年12月，家住北京市房山区窦店镇卢村的张老太丈夫去世。在本村3位见证人在场的情况下，由张老太的弟弟组织，张老太与自己的3个儿子、两个闺女签订了赡养协议。协议第三条约定,因儿子田某开出租车并在镇里居住,其自愿放弃张老太在村里的房产,也不再负责张老太的生前赡养和死后安葬等一切费用。

2007年11月初,张老太反悔了,将儿子田某告上法庭要求赡养。张老太称自己年老无生活来源,请求判令田某按月给付自己300元,并承担自己医疗费用的1/5。

审理过程中,法庭到村委会进行了调查,得知张老太与田某的爱人一向不和;田某也声称自己是迫于无奈,为了安宁才签了这份赡养协议,自己已放弃房产,做了很大的牺牲。如果要恢复承担赡养义务,必须重新分割家产。张老太的弟弟也出庭证明,这份赡养协议是双方当事人真实意思的表示。法庭还查明,张老太已享受农村合作医疗保险。

法院审理后认为,虽然这份赡养协议是双方当事人真实意思的表示,但其中的一些条款与现行法律规定相抵触,应属无效;双方当事人涉及分割财产问题属于另一法律关系,应另案解决。因此法院作出判决,儿子田某按月给付赡养费200元,并承担母亲医疗费用自费部分的1/5。

1.什么是遗产?遗产包括哪些财产类型?

根据《继承法》规定,遗产是公民死亡时遗留的个人合法财产,包括:

(1)公民的收入;

(2)公民的房屋、储蓄和生活用品;

(3)公民的林木、牲畜和家禽;

(4)公民的文物、图书资料;

(5)法律允许公民所有的生产资料;

(6)公民的著作权、专利权中的财产权利;

(7)公民的其他合法财产。

2.继承包括几种类型?

继承包括法定继承和遗嘱继承。所谓法定继承是指在没有遗嘱或遗嘱无效的情况下,按照法律规定对被继承人的遗产进行继承。遗嘱继承是遗嘱人通过订立遗嘱将其个人财产指定由法定继承人中的一人或数人继承。《继承法》规定,继承开始后,按照法定继承办理;有遗嘱的按照遗嘱继承或者遗赠办理,有遗赠扶养协议的,按照协议办理。

3. 在哪些情况下,继承人丧失继承权?

根据《继承法》规定,继承人有下列行为之一的,丧失继承权:
（1）故意杀害被继承人的;
（2）为争夺遗产而杀害其他继承人的;
（3）遗弃被继承人的,或者虐待被继承人情节严重的;
（4）伪造、篡改或者销毁遗嘱,情节严重的。

4. 在法定继承中,继承人的顺序是如何规定的?

根据《继承法》规定,法定继承的继承人有第一顺序继承人和第二顺序继承人之分。第一顺序继承人包括配偶、子女、父母;第二顺序继承人包括兄弟姐妹、祖父母、外祖父母。丧偶儿媳对公、婆,丧偶女婿对岳父、岳母,尽了主要赡养义务的,作为第一顺序继承人。

5. 在法定继承中,如何发分配遗产?

根据《继承法》规定,继承开始后,由第一顺序继承人继承,第二顺序继承人不继承。没有第一顺序继承人继承的,由第二顺序继承人继承。

同一顺序继承人继承遗产的份额,一般应当均等。

对生活有特殊困难的缺乏劳动能力的继承人,分配遗产时,应当予以照顾。

对被继承人尽了主要扶养义务或者与被继承人共同生活的继承人,分配遗产时,可以多分。

有扶养能力和有扶养条件的继承人,不尽扶养义务的,分配遗产时,应当不分或者少分。

继承人协商同意的,也可以不均等。

6. 遗嘱包括哪些种类？各有什么法律要求？

根据《继承法》规定，遗嘱包括自书遗嘱、代书遗嘱、录音遗嘱、公证遗嘱和口头遗嘱。

自书遗嘱由遗嘱人亲笔书写，签名，注明年、月、日。

代书遗嘱应当有两个以上见证人在场见证，由其中一人代书，注明年、月、日，并由代书人、其他见证人和遗嘱人签名。

以录音形式立的遗嘱，应当有两个以上见证人在场见证。

公证遗嘱由遗嘱人经公证机关办理。

遗嘱人在危急情况下，可以立口头遗嘱。口头遗嘱应当有两个以上见证人在场见证。危急情况解除后，遗嘱人能够用书面或者录音形式立遗嘱的，所立的口头遗嘱无效。

7. 哪些人员不能作为遗嘱见证人？

根据《继承法》规定，下列人员不得作为遗嘱见证人：

（1）无行为能力人、限制行为能力人；

（2）继承人、受遗赠人；

（3）与继承人、受遗赠人有利害关系的人。

8. 遗嘱人是否可以撤销、变更所立遗嘱？

根据《继承法》规定，遗嘱人可以撤销、变更自己所立的遗嘱。立有数份遗嘱，内容相抵触的，以最后的遗嘱为准。自书、代书、录音、口头遗嘱，不得撤销、变更公证遗嘱。

9. 哪些遗嘱属于无效遗嘱？

根据《继承法》规定，下列遗嘱属于无效遗嘱：

（1）无行为能力人或者限制行为能力人所立的遗嘱无效；

（2）遗嘱必须表示遗嘱人的真实意思，受胁迫、欺骗所立的遗嘱无效；

（3）伪造的遗嘱无效；

（4）遗嘱被篡改的，篡改的内容无效。

第八篇　农村社会保障篇

一、农村社会保险

【实例解答】河北省有多少农民参加了"新农保"?

截止 2010 年 2 月河北省有近 60 万农村老人获益。全省 18 个试点县(市)共有 175.1 万人登记参保,收缴养老保险费 5.31 亿元人民币。18 个试点县(市)均已发放了首批基础养老金,588000 万农村老年人开始享受"新农保"待遇。在省确定的政策框架内,各试点县(市)根据本地情况,提高了政府补贴水平,增强了新农保政策的吸引力:多数县提高了基础养老金水平,其中,唐海县将基础养老金标准在中央转移支付 55 元的基础上,提高到每月 155 元;对长期缴费和选择较高档次缴费的农民给予鼓励政策,大厂回族自治县规定缴费每提高一个档次,每人每年多补贴 10 元,缴费 15 年后每增加一年缴费,基础养老金再增加 3 元等;增加对重度残疾人等困难群体的补贴,怀安县、大厂回族自治县等对重度残疾人全部代缴其最低档次养老保险费。

1. 什么是农村社会保障?

农村社会保障是我国社会保障体系的重要组成部分,当农村社会成员因为年老、疾病、贫困、死亡、灾害等原因致使生活困难时,能够从国家、社会获得基本生活需求的保障。

2. 什么是农村社会保障制度?

农村社会保障制度是指国家通过国民收入分配和再分配,依法对农村社会成员的基本生活权利给予保障而建立的一种安全制度。其主要包括:最低生活保障制度、农村社会保险制度、农村社会救助制度、农村合作医疗制度和农村社会优抚安置制度等项制度。

3. 什么是农村社会保险？

农村社会保险是指以保障农村居民基本生活为目的，由政府、集体和农民共同负担，按照国家政策、法律和法规加以规范和实施的保险活动，包括养老保险、医疗保险、失业保险、工伤保险和计划生育保险等方面。我国目前还有待于完善。它是非商业保险。

4. 农村社会养老保险在国家发展计划中的地位如何？

国家"九五"计划和2010年远景目标中强调："九五"期间，要加快养老保险、失业保险和医疗保险制度改革，发展社会救济、社会福利、优抚安置、社会互助、个人积累等多层次的社会保障，初步形成适合我国国情的社会保障制度。农村养老以家庭保障为主，坚持政府引导和农民自愿，发展多种形式的养老保险。

5. 国务院于2009年9月4日发布的《国务院关于开展新型农村社会养老保险试点的指导意见》（以下简称《指导意见》）规定的新农保试点的基本原则是什么？

"保基本、广覆盖、有弹性、可持续"。（1）从农村实际出发，低水平起步，筹资标准和待遇标准要与经济发展及各方面承受能力相适应；（2）个人（家庭）、集体、政府合理分担责任，权利与义务相对应；（3）政府主导和农民自愿相结合，引导农村居民普遍参保；（4）中央确定基本原则和主要政策，地方制订具体办法，对参保居民实行属地管理。

6. 新农保制度的任务目标是什么？

《指导意见》规定，探索建立个人缴费、集体补助、政府补贴相结合的新农保制度，实行社会统筹与个人账户相结合，与家庭养老、土地保障、社会救助等其他社会保障政策措施相配套，保障农村居民老年基本生活。2009年试点覆盖面为全国10%的县（市、区、旗），以后逐步扩大试点，在全国普遍实施，2020年之前基本实现对农村适龄居民的全覆盖。

7.参保范围有什么条件?

《指导意见》规定,年满16周岁(不含在校学生)、未参加城镇职工基本养老保险的农村居民,可以在户籍地自愿参加新农保。

8.如何办理城乡居民养老保险手续?

按照北京市劳动和社会保障局2009年2月1日发布的《北京市城乡居民养老保险办法实施细则》(以下简称《细则》)的规定:

(1)参保人(包括新参保、续缴保费人员)持本人实名身份证件,到商业银行开立专用存折。同时,签署《银行代扣代缴协议书》。

(2)参保人到银行存入缴纳的保险费后可在每月1~10日办理参保手续,新参保人员持本人户口本、身份证、专用存折到户口所在地街道社会保障事务所(村委会)填写《参保人员信息表》,办理参保手续;续缴保险费人员持专用存折到户口所在地街道社会保障事务所(村委会)填写《缴费确认表》。

(3)村委会在每月13日前将新参保人员身份证明复印件、《参保人员信息表》及续保人员《缴费确认表》交至乡镇社会保障事务所(以下简称社保所)

(4)区县经办机构在每月18日前将全区汇总的电子预缴费数据交至银行扣款。并在每月20日前将银行交来的电子扣款成功信息导入城乡居民养老保险信息系统,将电子扣款失败信息导入城乡居民养老保险预缴费信息系统。

(5)社保所根据电子扣款失败信息通知参保人进行核对,及时修改错误信息。根据电子扣款成功信息为缴费成功人员开具《北京市社会保险专用基金票据》,并于次年的3月底前为缴费人员打印《缴费对账单》。

9.城乡居民养老保险的缴费标准是怎么规定的?

按照北京市《细则》的规定:

(1)城乡居民养老保险费实行按年缴纳,每年的缴费时间为4月1日至12月10日。当年达到领取年龄的参保人员,在缴费时间内缴纳当年保险费的,从达到领取年龄的次月享受城乡居民养老保险待遇。

(2)最低缴费标准为本市上一年度农村居民人均纯收入的9%。参保人员可根据经济承受能力提高缴费标准,最高缴费不得超过本市上一年度城镇居民人均可支配收入的30%。市劳动保障行政部门根据市统计部门公布的本市上一年度农村居民人均纯收入和本市上一年度城镇居民人均可支配收入,在每年3月31日前发布最低缴费标准和最高缴费标准。

(3)参保人员达到领取年龄时,不符合按月领取养老待遇条件的,需要继续按年缴纳保险费的(以下简称延期缴费),缴费标准不低于本市上一年度农村居民人均纯收入的9%。

10.新农保基金由哪几部分构成?

《指导意见》规定,新农保基金由个人缴费、集体补助、政府补贴构成。

(1)个人缴费。参加新农保的农村居民应当按规定缴纳养老保险费。缴费标准目前设为每年100元、200元、300元、400元、500元五个档次,地方可以根据实际情况增设缴费档次。参保人自主选择档次缴费,多缴多得。国家依据农村居民人均纯收入增长等情况适时调整缴费档次。

(2)集体补助。有条件的村集体应当对参保人缴费给予补助,补助标准由村民委员会召开村民会议民主确定。鼓励其他经济组织、社会公益组织、个人为参保人缴费提供资助。

(3)政府补贴。政府对符合领取条件的参保人全额支付新农保基础养老金,其中中央财政对中西部地区按中央确定的基础养老金标准给予全额补助,对东部地区给予50%的补助。

地方政府应当对参保人缴费给予补贴,补贴标准不低于每人每年30元;对选择较高档次标准缴费的,可给予适当鼓励,具体标准和办法由省(区、市)人民政府确定。对农村重度残疾人等缴费困难群体,地方政府为其代缴部分或全部最低标准的养老保险费。

11. 城乡居民养老保险基金由哪几部分构成？

按照北京市《细则》的规定，城乡居民养老保险基金由以下部分构成：

(1)个人账户资金(责任金)：个人缴费、集体补助、其他收入及利息。新型农村社会养老保险的个人账户资金并入城乡居民养老保险个人账户。

(2)调剂金：超过应计个人账户利息以外的增值结余，参保人员死亡无继承人时支付丧葬费后的余额等资金。

(3)基础养老金：在参保人领取待遇时由政府补助的财政性资金。

12. 个人账户储存额怎么构成？

《指导意见》规定，国家为每个新农保参保人建立终身记录的养老保险个人账户。个人缴费，集体补助及其他经济组织、社会公益组织、个人对参保人缴费的资助，地方政府对参保人的缴费补贴，全部记入个人账户。个人账户储存额目前每年参考中国人民银行公布的金融机构人民币一年期存款利率计息。

13. 养老金待遇如何？

《指导意见》规定，养老金待遇由基础养老金和个人账户养老金组成，支付终身。

中央确定的基础养老金标准为每人每月55元。地方政府可以根据实际情况提高基础养老金标准，对于长期缴费的农村居民，可适当加发基础养老金，提高和加发部分的资金由地方政府支出。

个人账户养老金的月计发标准为：个人账户全部储存额除以139(与现行城镇职工基本养老保险个人账户养老金计发系数相同)。参保人死亡，个人账户中的资金余额，除政府补贴外，可以依法继承；政府补贴余额用于继续支付其他参保人的养老金。

14. 养老金待遇领取条件什么？

《指导意见》规定，年满60周岁、未享受城镇职工基本养老保险待遇的农村有户籍的老年人，可以按月领取养老金。

新农保制度实施时,已年满60周岁、未享受城镇职工基本养老保险待遇的,不用缴费,可以按月领取基础养老金,但其符合参保条件的子女应当参保缴费;距领取年龄不足十五年的,应按年缴费,也允许补缴,累计缴费不超过15年;距领取年龄超过15年的,应按年缴费,累计缴费不少于15年。

要引导中青年农民积极参保、长期缴费,长缴多得。具体办法由省(区、市)人民政府规定。

15.城乡居民养老保险待遇如何确定?

按照北京市《细则》的规定:

(1)按月享受的城乡居民养老保险待遇由个人账户养老金和基础养老金两部分组成。①个人账户养老金月领取标准。城乡居民养老保险个人账户养老金实行分段计发。②基础养老金标准。基础养老金是在参保人领取待遇时由政府补助的财政性资金,标准全市统一,为每人每月280元。发放基础养老金所需资金由区(县)财政负担,并列入区(县)财政预算。

(2)一次性养老待遇。参保人员达到领取年龄时,不符合《细则》规定的按月享受城乡居民养老保险待遇条件的,享受一次性养老待遇,其待遇为个人账户全部资金。

16.按月享受城乡居民养老保险待遇的条件有哪些?

按照北京市《细则》的规定:

(1)参保人员符合下列条件之一的,自男年满60周岁、女年满55周岁的次月起,按月享受城乡居民养老保险待遇:①《城乡居民养老保险办法》施行之日,累计缴费年限满15年的。②《城乡居民养老保险办法》施行之日,男已年满45周岁、女已年满40周岁的人员(不含本办法实行之后外埠迁入本市户籍的人员),每年按照规定的缴费标准不间断缴费的。

(2)《城乡居民养老保险办法》施行之后,外埠迁入本市户籍的人员,男年满60周岁、女年满55周岁时缴费年限不满15年的,按照上一年度最低缴费标准,一次性补足差额年限保险费的。

(3)参保人员达到领取年龄时缴费年限不符合本条第一款第一、第二项规定的,本人自愿,可以延期缴费,最长延期缴费5年,在延长缴费期内达到规定的;延长缴费5年累计缴费年限仍不符合本条第二款规定的,按照不低于上一年度最低缴费标准,一次性补足差额年限保险费的。

17.新农保基础养老金待遇什么时候调整?

《指导意见》规定,国家根据经济发展和物价变动等情况,适时调整全国新农保基础养老金的最低标准。

18.新农保基金财务会计如何管理?

《指导意见》规定,建立健全新农保基金财务会计制度。新农保基金纳入社会保障基金财政专户,实行收支两条线管理,单独记账、核算,按有关规定实现保值增值。试点阶段,新农保基金暂实行县级管理,随着试点扩大和推开,逐步提高管理层次;有条件的地方也可直接实行省级管理。

19.什么是新农保基金的政府监督和社会监督?

各级人力资源社会保障部门要切实履行新农保基金的监管职责,制定完善新农保各项业务管理规章制度,规范业务程序,建立健全内控制度和基金稽核制度,对基金的筹集、上解、划拨、发放进行监控和定期检查,并定期披露新农保基金筹集和支付信息,做到公开透明,加强社会监督。财政、监察、审计部门按各自职责实施监督,严禁挤占挪用,确保基金安全。

试点地区新农保经办机构和村民委员会每年在行政村范围内对村内参保人缴费和待遇领取资格进行公示,接受群众监督。

20.新农保与相关制度如何衔接?

原来已开展以个人缴费为主、完全个人账户农村社会养老保险(以下称老农保)的地区,要在妥善处理老农保基金债权问题的基础上,做好与新农保制度衔接。在新农保试点地区,凡已参加了老农保、年满60周岁且已领取老农保养老金的参保人,可直接享受新农保基础养老金;对已参加老农保、未满60周岁且没有领取养老金的参保人,应将老农保个人账户资金并入新农保个人账户,按新农保的缴费标准继续缴费,待符合规定条件时享受相应待遇。

二、农村合作医疗

【实例解答】新型农村合作医疗制度关键在哪里?

新型农村合作医疗制度关键在于各方合作。为了更好地满足农民朋友们日益

多样化的医疗需求,需要国家、医疗行政部门和农民们的多方合作。

(1)国家制定相关法律规范制度。不断加大投入,为农民参合减轻负担。搭建农合工作合作的统一平台,让参与新农合的农民最大程度享受到有效的医疗保障。

(2)地方政府加强管理,改善环境。在规范性的基础上要兼顾灵活性,增加农民参与新农合的积极性,还应提高政府部门工作效率。以湖北省宜昌市秭归县为例,秭归县在2007年5月制定了《秭归县新型农村合作医疗住院种诊疗标准》,严格执行其入院标准、诊断标准、治疗原则、出院标准,有效杜绝了加重病人负担的行为。同时,对"急性阑尾炎"等16个单病种实行包干限额结算,超过限额标准的部分由医疗机构承担。实行单病限额后,平均医疗费用下降达10%,最高降幅单病例达150元。可见,地方政府在实施新农合政策的过程中起着至关重要的作用。

(3)卫生行政部门和医疗单位要改进服务,提高为参与农民朋友服务的水平。各级参与单位应注重加强自身人员素质修养和专业技能培养,给农民提供更方便、快捷和人性化的服务。

(4)农民朋友们要主动参与并积极配合各部门工作。应正确对待合作医疗制度中的新情况,既要从自身医疗需求出发,又要从农村合作医疗制度的整体出发。农民朋友们应该努力将自己的需求和愿望传达到有关部门,加强与相关参与部门的沟通。

1.什么是新型农村合作医疗?

新型农村合作医疗,简称"新农合",是指由政府组织、引导、支

持,农民自愿参加,个人、集体和政府多方筹资,以大病统筹为主的农民医疗互助共济制度。采取个人缴费、集体扶持和政府资助的方式筹集资金。

2.《关于加快推进新型农村合作医疗试点工作的通知》(以下简称《通知》)卫农卫发[2006]13号基本要求是什么?

各地区要贯彻自愿、互助、公开、服务的原则,坚持农民以家庭为单位自愿参加,不搞强迫命令;坚持合作医疗制度的互助共济性质,动员农民共同抵御疾病风险;坚持公开、公正、公平,规范操作,加强监管;坚持便民利民,真正让农民受益。

3.《通知》规定的农民个人缴费方式是什么?基金运行如何监督?

《通知》规定,如果农民个人自愿,经村民代表大会讨论同意,可以由村民自治组织代为收缴农民的个人缴费。

加强基金管理,做到专户储存,专款专用,严格实行基金封闭运行,确保合作医疗基金和利息全部用于参合农民的医疗补助。建立健全既方便农民又便于监管的合作医疗审核和报销办法,实行基金使用管理的县、乡、村公示制度,把合作医疗报销情况作为村务公开的重要内容,探索农民参与监督和民主管理的长效机制,保证农民的知情权和监督权。

4.卫生部、财政部、国家中医药管理局《关于完善新型农村合作医疗统筹补偿方案的指导意见》卫农卫发[2007]253号所说的新型农村合作医疗统筹模式有哪些?

新型农村合作医疗统筹模式主要有大病统筹加门诊家庭账户、住院统筹加门诊统筹和大病统筹3种模式。大病统筹加门诊家庭账户是指设立大病统筹基金对住院和部分特殊病种大额门诊费用进行补偿,设立门诊家庭账户基金对门诊费用进行补偿。住院统筹加门诊统筹是指通过设立统筹基金分别对住院和门诊费用进行补偿。大病统筹是指仅设立大病统筹基金对住院和部分特殊病种大额门诊费用进行补偿。

5. 什么是新型农村合作医疗补偿方案？

新型农村合作医疗补偿方案主要包括起付线、封顶线、补偿比例和补偿范围等内容。合作医疗基本药品目录和诊疗项目可根据实际需要适当调整，对乡、村两级医疗机构应根据机构功能和技术条件严格界定用药范围，原则上不能直接套用城镇职工基本医疗保险药品目录和诊疗项目。

6. 什么是起付线？补助标准是多少？

起付线，通常就是指老百姓说的报销门槛，是报销的界限，多出起付线的部分，才可以按比例报销。同时，起付线为贫困户等申请医疗救助补助其参加新农合提供衡量标准，超过部分才能按比例救助。

例如，福建省决定从2008年起将全省新农合政府补助标准从现行的每人每年50元提高到80元，个人缴费从每人每年10元提高到20元。遵义市绥阳县《2010年新型农村合作医疗补偿方案》规定：(1)起付线(门槛费)：乡镇卫生院免收起付线；县级定点医疗机构起付线为50元；县级以上(市境外)医疗机构起付线为100元。(2)封顶线：每人当年累计住院报销最高限额为6万元。

7. 新农合对门诊如何补偿？

合作医疗基金用于参合农民的医疗费用补偿，应由政府另行安排资金的公共卫生服务项目不应列入合作医疗补偿范围。要研究采取适当方式将一些特殊病种大额门诊治疗费用纳入统筹基金补偿范围，根据当地一些特殊病种的平均患病率、次均门诊费用、年人均门诊费用等数据，合理确定具体的补偿病种、对象、标准和程序。

门诊补偿分为家庭账户和门诊统筹两种形式。实行门诊家庭账户的地区，要研究改进和规范家庭账户基金使用和管理，使大多数参加合作医疗的农民直接受益。家庭账户基金由家庭成员共同使用，用于家庭成员门诊医药费用支出，也可用于住院医药费用的自付部分和健康体检等。家庭账户基金结余可结转下年度使用，但不得用于冲抵下一年度参加合作医疗缴费资金。实行门诊统筹的地区,要合理制定补偿方案,明确门诊补偿范围,设定补偿比例,引导农民在乡、村两级医疗机构就诊。

例如,黑龙江省绥化市于2008年10月份启动在全省率先开展门诊慢病补偿试点工作。为保证试点工作的顺利进行,10个县(市)区都对本地发病率较高的慢病患者、患病率和医疗费用进行了认真调查和测算,确定了具体补偿病种和补偿比例,并从统筹基金中抽出一定比例专项用于门诊慢病患者的补偿。根据实际情况逐步调整慢病的补偿范围和补偿标准,补偿范围由原来的几种逐步扩展到十几种。

8.新农合基金对体检费用如何支付?

对当年参加合作医疗但没有享受补偿的农民,可以组织进行一次体检,但要合理确定体检项目和收费标准,加强质量控制,并为农民建立健康档案,切实加强农民健康管理,发挥体检作用。

设立家庭账户的地区,体检费用原则上从农民家庭账户结余中支出;实行门诊统筹的地区,可以从门诊统筹基金中适当支付。

对医疗机构提供体检服务,要根据服务质量、数量和费用标准支付体检费用,不能采取直接预拨的方式。承担体检任务的医疗机构要给予一定的费用减免和优惠。

9.新农合基金对孕产妇住院分娩如何补偿?

为鼓励孕产妇住院分娩,各地可根据实际情况,对参合孕产妇计划内住院分娩给予适当补偿,对病理性产科的住院分娩按疾病住院补偿标准给予补偿。

开展"降低孕产妇死亡率和消除新生儿破伤风项目"的地区,孕产妇住院分娩要先执行项目规定的定额补助政策,再由合作医疗基金按有关规定给予补偿。

对于其他政策规定费用优惠的医疗项目,应先执行优惠政策,再对符合合作医疗补偿范围的医疗费用按照新型农村合作医疗规定给予补偿。上述合计补助数不得超过其实际住院费用。

比如,遵义市绥阳县《2010年新型农村合作医疗补偿方案》规定了捆绑项目补偿。对符合国家计划生育政策的参合农民,住院分娩实行"新农合"与"降消项目"经费捆绑补助。在县、镇(乡)医疗机构平产分娩实行医疗费用包干:对在乡镇卫生院住院分娩的补助单位500元/例;对在本县县级医疗机构住院分娩的补助单位700元/例;先实行降消项目资金每例四百元补助,剩余限价包干经费由新农合资金全额补偿;剖宫产的医疗费用(限价收费标准:县医院、县中医院:2100元/例、镇(乡)卫生院:1600元/例)按住院比例报销。孕产妇住院期间出现生命危象(产科大流血、妊娠合并子痫、心脏病、肾炎等其他产科并发症),按病理产科收费,不执行限价分娩规定;在县级及以上(含市境外)住院分娩的按医疗机构相对应的级别对个人进行补偿。

对参合的孕产妇分娩的新生儿,在产后42天内因病住院发生的医药费,凭出生医学证明纳入报销范围。

10.新农合基金对住院费用如何补偿?

住院费用实行按比例补偿的地区,对由县、乡两级医疗机构提供服务的,原则上不再实行分段补偿,已经实行分段补偿的,要逐步减少分段档次。由县以上医疗机构提供服务的,可实行分段补偿,但不宜档次过多。要合理拉开不同级别医疗机构的起付线和补偿比例,引导病人到基层医疗机构就诊。住院补偿起付线可按照本地区同级医疗机构上一年度次均门诊费用的2~4倍设置,中西部地区乡级医疗机构起付线原则上不超过100元。乡、县及县以上医疗机构补偿比例应从高到低逐级递减。对参合农民在一年内患同一种疾病连续转院治疗的,可只计算其中最高级别医院的一次起付线。封顶线应考虑当地农民年人均纯收入的实际情况合理设置,以当年内实际获得补偿金额累计计算。

例如,遵义市绥阳县《2010年新型农村合作医疗补偿方案》规定:(1)补偿报销比例。实行全市定点医疗机构报销比例互认制度。在本县内乡镇卫生院连续输液治疗费用在100元以上的,按住院比例进行报销。各级定点医疗机构住院报销比例:①市内乡(镇)卫生院医疗费用按80%比例报销;②市内县级医疗机构医疗费用按60%比例报销;③县级以上(市境外)非营利性医疗机构按45%比例报销。

(2)保底补偿。在县级以上或本市以外非营利性医疗机构住院治疗且医疗费用超过起付线的病例,按应报销所得金额与医疗费用之比低于35%金额的,则按35%的比例进行保底补偿。

11. 什么是新农合基金的二次补偿?

新农合基金的二次补偿是指在调整完善统筹补偿方案之前,在当年基金结余或历年基金累计结余较多的地区,县级合作医疗管理部门可结合当地实际,酌情组织开展门诊、住院、孕产妇住院分娩等的第二次补偿。

二次补偿的目的是提高基金使用率。在开展二次补偿时,应主要对当年得到大病补偿的农民普遍进行再次补偿,不能只对少数农民进行补偿。

12. 新农合的转诊原则是什么?

新农合的转诊原则是简化程序、方便群众的原则。农民在本地县、乡定点医疗机构就诊,不需办理转诊手续,医疗费用补偿提倡定点医疗机构垫支或现场报销的方式。农民到县外就医也要简化转诊手续和医疗费用补偿审批程序。

三、社会救助

【实例解答】 河北省保定市的新型供养模式是如何开展的?

河北省保定市推行"院户挂钩"供养模式,政府出资聘用护理人员,对不愿、不宜加入集中供养的农村五保对象进行护理,并由县、乡、村三级供养网络,各县(市、区)成立五保供养服务管理中心,乡(镇)成立五保供养服务中心,各村成立五保供养服务站,保障农村五保对象的基本生活、基本住房、基本医疗,年生活补助标准提高30%。2009年全市筹集专项资金1000万元,共与8822人(占全市农村五保对象的25%)签订了"院户挂钩"供养协议,护理人员全部经过培训。

2009年,保定市政府还与各县(市、区)政府签定了《敬老院建设责任书》,仅县级政府就投资1.8亿多元,新建敬老院27所,新增床位12132张,床位总数达到18606张。除了集聚政府和党员干部的力量外,还引导企业家、志愿者等社会力量伸出援手,三利集团、蓝波公司等162家民营企业捐款捐物,累计捐款457.58万元。高阳县475名社会志愿者定期到帮扶对象家慰问服务。目前,全市集中供养率显著提高。

1. 什么是农村最低生活保障制度?

农村最低生活保障制度,是指政府对家庭人均收入低于当地最低生活保障标准的农村贫困家庭给予救助的制度。

为贯彻落实党的十六届六中全会精神,切实解决农村贫困人口的生活困难,国务院决定,2007年在全国建立农村最低生活保障制度。

2. 2007年公布的《国务院关于在全国建立农村最低生活保障制度的通知》中规定的农村最低生活保障标准如何确定?农村最低生活保障对象是哪些人群?

农村最低生活保障标准由县级以上地方人民政府按照能够维持当地农村居民全年基本生活所必需的吃饭、穿衣、用水、用电等费用确定,并报上一级地方人民政府备案后公布执行。农村最低生活保障标准要随着当地生活必需品价格变化和人民生活水平提高适时进行调整。

农村最低生活保障对象是家庭年人均纯收入低于当地最低生活保障标准的农村居民,主要是因病残、年老体弱、丧失劳动能力以及生存条件恶劣等原因造成生活常年困难的农村居民。

3. 农村最低生活保障怎么进行管理?

(1)申请、审核和审批。申请农村最低生活保障,一般由户主本人向户籍所在地的乡(镇)人民政府提出申请;村民委员会受乡(镇)人民政府委托,也可受理申请。受乡(镇)人民政府委托,在村党组织的领导下,村民委员会对申请人开展家庭经济状况调查、组织村民会议或村民代表会议民主评议后提出初步意见,报乡(镇)人民政府;乡(镇)人民政府审核后,报县级人民政府民政部门审批。乡(镇)人民政府和县级人民政府民政部门要核查申请人的家庭收入,了解其家庭财产、劳动力状况和实际生活水平,并结合村民民主评议,提出审核、审批意见。在核算申请人家庭收入时,申请人家庭按国家规定所获得的优待抚恤金、计划生育奖励与扶助金以及教育、见义勇为等方面的奖励性补助,一般不计入家庭收入,具体核算办法由地方人民政府确定。

(2)民主公示。村民委员会、乡(镇)人民政府以及县级人民政府民政部门要及时向社会公布有关信息,接受群众监督。公示的内容重点是:最低生活保障对象的申请情况和对最低生活保障对象的民主评议意见,审核、审批意见,实际补助水平等情况。对公示没有异议的,要按程序及时落实申请人的最低生活保障待遇;对公示有异议的,要进行调查核实,认真处理。

(3)资金发放。最低生活保障金原则上按照申请人家庭年人均纯收入与保障标准的差额发放,也可以在核查申请人家庭收入的基础上,按照其家庭的困难程度和类别,分档发放。要加快推行国库集中支付方式,通过代理金融机构直接、及时地将最低生活保障金支付到最低生活保障对象账户。

(4)动态管理。乡(镇)人民政府和县级人民政府民政部门要采取多种形式,定期或不定期调查了解农村困难群众的生活状况,及时将符合条件的困难群众纳入保障范围;并根据其家庭经济状况的变化,及时按程序办理停发、减发或增发最低生活保障金的手续。保障对象和补助水平变动情况都要及时向社会公示。

农村最低生活保障资金实行专项管理,专项核算,专款专用,严禁挤占挪用。

4.什么是农村五保供养?

按照2006年国务院公布的《农村五保供养工作条例》规定,农村五保供养是指依照本条例规定,在吃、穿、住、医、葬方面给予村民的生活照顾和物质帮助。

5. 五保供养对象及条件是什么？

按照《农村五保供养工作条例》的规定，老年人、残疾人或者未满 16 周岁的村民，无劳动能力、无生活来源又无法定赡养、抚养、扶养义务人，或者其法定赡养、抚养、扶养义务人无赡养、抚养、扶养能力的，享受农村五保供养待遇。

6. 五保供养的申请程序是什么？

五保供养的申请程序有：

（1）本人向村民委员会提出申请，因年幼或者智力残疾无法表达意愿的，由村民小组或者其他村民代为提出申请。

（2）村民委员会民主评议。

（3）在本村范围内公告。

（4）报送乡、民族乡、镇人民政府审核。

（5）乡、民族乡、镇人民政府 20 日内审核，乡、民族乡、镇人民政府应当对申请人的家庭状况和经济条件进行调查核实。

（6）乡、民族乡、镇人民政府报送县级人民政府民政部门审批。

（7）县级人民政府民政部门 20 日内作出审批决定。

（8）颁发《农村五保供养证书》。对不符合条件不予批准的，应当书面说明理由。

7. 什么情况下，停止农村五保供养待遇？

江西省 2008 年颁布的《江西省实施＜农村五保供养工作条例＞办法》规定，农村五保供养对象具有下列情形之一的，村民委员会或者农村五保供养服务机构应当向乡镇人民政府报告，由乡镇人民政府审核并报县级人民政府民政部门核准后，停止其农村五保供养待遇，核销其《农村五保供养证书》：(1)重新获得稳定生活来源的；(2)有法定赡养、抚养、扶养义务人，且法定赡养、抚养、扶养义务人具有赡养、抚养、扶养能力的；(3)年满 16 周岁，已完成义务教育阶段学习，且有劳动能力的。

农村五保供养对象死亡，丧葬事宜办理完毕后，村民委员会或者农村五保供养服务机构应当向乡镇人民政府报告，由乡镇人民政府报县级人民政府民政部门核准后,停止其农村五保供养待遇,核销其《农村五保供养证书》。

8.农村五保供养内容包括哪些?

按照《农村五保供养工作条例》的规定,五保供养内容包括:
(1)供给粮油、副食品和生活用燃料;
(2)供给服装、被褥等生活用品和零用钱;
(3)提供符合基本居住条件的住房;
(4)提供疾病治疗,对生活不能自理的给予照料;
(5)办理丧葬事宜。

根据《北京市农村五保供养制度实施细则》的规定,除了上述供养内容外,对接受教育的农村五保供养对象,还将按规定保障其接受教育所需费用或给予教育救助。

根据山东省滕州2010年正式实施的新的《农村五保供养办法》规定,五保对象的生活水平应不低于当地居民平均生活水平,农村五保供养对象未满16周岁或者已满16周岁仍在接受义务教育的,应当保障其依法接受义务教育的所需费用。

9.农村五保供养形式有哪几种?

供养形式有以下两种:
(1)在当地的农村五保供养服务机构集中供养。集中供养的农村五保供养对象,由农村五保供养服务机构提供供养服务;
(2)在家分散供养。可以由村民委员会提供照料,也可以由农村五保供养服务机构提供有关供养服务。

农村五保供养对象可以自行选择供养形式。

10.如何对农村五保供养对象提供疾病治疗?

江西省2008年颁布的《江西省实施＜农村五保供养工作条例＞办法》规定,对农村五保供养对象提供疾病治疗,对生活不能自理的给予照料。

农村五保供养对象的疾病治疗,应当与当地新型农村合作医疗和农村医疗救助制度相衔接。县级人民政府民政部门应当从农村医疗救助资金中为其缴纳参加新型农村合作医疗所需的费用。农村五保供养对象的疾病治疗费用,在新型农村合作医疗资金中按规定报销后,个人承担部分纳入农村医疗救助范畴内按规定给予补助,不足部分从农村五保供养资金中支出。

农村五保供养对象就医,公办医疗机构和其他参加新型农村合作医疗的定点医疗机构应当对其中的门诊患者免收普通挂号费、肌肉注射费和小换药手续费,对其中的住院患者减半收取"三大常规"检查费、胸片检查费、普通床位费和三级护理费。

根据山东省滕州2010年正式实施的新的《农村五保供养办法》规定,农村五保供养对象参加新型农村合作医疗,其个人缴费部分通过农村医疗救助基金资助解决。对患大病者,农村医疗救助资金给予优先救助。五保对象死亡后的丧葬事宜,集中供养的,由农村五保供养服务机构办理;分散供养的,由村民委员会负责办理。

11. 农村五保供养最低标准是多少?

根据北京市公布的2009年农村五保供养最低新标准规定,农村五保供养最低标准按上年度各区县农村居民人均消费支出确定,五保供养最低标准调整较大,所需经费在扣除15%医疗救助资金预算后,由区县财政部门按照部门预算管理要求,拨付至五保供养服务机构。分散供养的农村五保供养对象按月领取生活费,生活费发放标准为本区县农村低保标准(按月计算)的115%。此外,农村分散供养五保对象中重残人生活费发放标准,参照城市低保标准执行;已实行城乡低保标准并轨的区县,按分类救助系数1.15的标准享受待遇。

四、农村社会福利

【实例解答】农村留守儿童问题怎么办?

随着农村产业结构的调整,大量农村剩余劳动力外出务工,农村家庭中出现了大批留守儿童,数量越来越多。目前存在的主要问题是:一是缺少亲情关爱,心理健康存在问题。留守儿童由于长期得不到父母的关爱和教育,对父母很陌生,亲情关系出现了障碍。内心空虚,在身心健康和学习方面都受到一定程度的影响。二是缺乏家庭教育,影响儿童的品德和学习发展。在父母均外出务工的农村留守儿童中,隔代监护的占75.5%。这部分孩子的隔辈家长年纪普遍偏大,不能够正确地实施家庭教育,对孩子学习成绩的提高和身心健康成长不利。三是卫生保健水平和生活质量下降。一些留守儿童身高体重与同龄孩子有差距,有的营养不良;一些留守儿童常患感冒、龋齿、蛔虫、近视等疾病,有不良的卫生习惯。四是缺少监管,安全意识和法律意识淡薄。留守儿童缺少安全感,缺乏安全意识、法律意识,生活中存在诸多安全隐患和不期灾祸。

做好农村留守儿童工作的主要建议有:

(1)加快户籍制度改革,逐步消除城乡差距。政府要加快改革,逐步取消与户籍相联系的城乡隔离的各种制度,逐步消除就业、医疗、住房、教育等制度壁垒,使流入城市的农民享有与城市人口平等的权利和社会权益。

(2)大力发展县域经济,就近就地转移农村富余劳动力。只有大力发展符合本地实际的产业,就近就地转移农村富余劳动力,给外出务工人员以增加收入的机会,使他们不用远离家乡就有工作岗位,可以从源头上减少留守儿童的数量。

(3)强化政府的主导作用。把农村留守儿童工作与各级政府实施儿童发展规划结合起来。以政府为主导,动员社会力量,共同促进农村留守儿童生存状况的改善和发展。

(4)加强农村寄宿制学校的建设,切实有效地对留守儿童进行教育与管理。充分发挥学校教育的作用,对留守儿童在精神、心理、生理、行为方面的指导教育,弥补留守儿童家庭教育的不足。

(5)加强非政府组织的建设,提高社会力量帮助和参与程度。社会各界都要关心农村"留守儿童"思想道德建设等方面的发展,对进城务工的农村家长也进行引导和教育,让农民工家长学会与孩子沟通、交流以及教育孩子的正确方式,引导孩子健康成长。

1. 农村社会福利的服务对象是哪些人群？

农村中的老年人、残疾人、孤残儿童是我国农村福利服务对象。农村社会福利制度包括：农村老年人社会福利制度、农村残疾人社会福利制度和农村儿童社会福利制度。

2. 我国农村的养老模式有哪些？

根据《中华人民共和国老年人权益保障法》的规定，老年人养老主要依靠家庭，家庭成员应当关心和照料老年人。

从我国目前的情况看，居家养老是我国长期坚持的养老模式。养老机构养老是补充模式。

国家鼓励有条件的法人、自然人兴办敬老院，如根据辽宁省2007年发布的《农村敬老院管理办法》规定，乡（含镇，下同）举办的敬老院，是集体福利事业单位。鼓励有条件的村、其他单位和个人举办敬老院。凡在本省境内农村举办的敬老院，均适用本办法。

3. 赡养人的义务有哪些？

赡养人是指老年人的子女以及其他依法负有赡养义务的人。

赡养人的主要义务有：

（1）赡养人应当履行对老年人经济上供养、生活上照料和精神上慰藉的义务，照顾老年人的特殊需要。赡养人的配偶应当协助赡养人履行赡养义务。保证老年人的基本生活需求，老年人的基本生活水平不得低于其家庭成员的平均水平。

（2）赡养人对患病的老年人应当提供医疗费用和护理。

（3）赡养人应当妥善安排老年人的住房，不得强迫老年人迁居条件低劣的房屋。

（4）老年人自有的或者承租的住房，子女或者其他亲属不得侵占，不得擅自改变产权关系或者租赁关系。老年人自有的住房，赡养人有维修的义务。

（5）赡养人有义务耕种老年人承包的田地，照管老年人的林木和牲畜等，收益归老年人所有。

（6）赡养人不得以放弃继承权或者其他理由，拒绝履行赡养义务。

(7)赡养人不履行赡养义务,老年人有要求赡养人付给赡养费的权利。

(8)赡养人不得要求老年人承担力不能及的劳动。

(9)赡养人的赡养义务不因老年人的婚姻关系变化而消除。

(10)老年人有权依法处分个人的财产,子女或者其他亲属不得干涉,不得强行索取老年人的财物。

如陕西省1998年发布的《陕西省实施〈中华人民共和国老年人权益保障法〉办法》规定,老年人的子女,包括婚生子女、非婚生子女、养子女、形成抚养关系的继子女和其他被抚养人,均有赡养老年人的义务。老年人的子女死亡后,有负担能力的孙子女、外孙子女有赡养老年人的义务。

4.农村敬老院的供养对象是哪些人群?

根据《农村敬老院管理暂行办法》(1997年3月18日民政部令第1号发布)的规定,敬老院以供养五保对象为主。在没有光荣院的地方可优先接收孤老优抚对象入院供养。有条件的敬老院可以向社会开放,吸收社会老人自费代养。精神病患者、传染病人不得接收入院。

如《辽宁省农村敬老院管理办法》规定,敬老院对符合五保户条件的优抚对象、归侨侨眷、村干部和儿童,应当优先接收入院。对在敬老院的学龄孤儿,应当保证其就学,并供养至能够独立生活为止。

敬老院可以接收老年人自费入院养老,其生活费自理,但不得低于同院集体供养养员的生活费标准。

5.五保对象入敬老院需向哪级组织提出申请?

五保对象入敬老院须由本人提出申请,经乡镇人民政府(村办敬老院经村民委员会)批准,并由本人和敬老院双方签定入院协议。符合规定条件的对象,入院自愿,出院自由。

如《辽宁省农村敬老院管理办法》规定,对五保户,实行入院自愿、出院自由的原则,入院时必须由本人提出申请,经村民委员会同意,按敬老院的制度规定办理手续。

6.敬老院的财产如何管理?

敬老院的土地、房屋、设备和其他财产依法归敬老院管理和使用,任何单位和个人不得侵占。

建立健全财务管理制度。经费、物资、伙食、生产经营账目要定期公布,接受供养人员和社会有关方面的监督。财会人员离职时,必须清查账目,按规定办理移交手续。

五保对象入院,其财产交集体代管,生活用具可带入敬老院使用。五保对象去世后,其遗产按入院协议处理。

7.我国维护残疾人的合法权益的组织是哪级组织?

中国残疾人联合会及其地方组织,代表残疾人的共同利益,维护残疾人的合法权益,团结教育残疾人,为残疾人服务。

中国残疾人联合会及其地方组织依照法律、法规、章程或者接受政府委托,开展残疾人工作,动员社会力量,发展残疾人事业。

8.残疾人的扶养人或者监护人的主要义务是什么?

残疾人的扶养人必须对残疾人履行扶养义务。

残疾人的监护人必须履行监护职责,尊重被监护人的意愿,维护被监护人的合法权益。

残疾人的亲属、监护人应当鼓励和帮助残疾人增强自立能力。

禁止对残疾人实施家庭暴力,禁止虐待、遗弃残疾人。

9.国家如何保障残疾人享受权利?

(1)国家保障残疾人享有康复服务的权利。各级人民政府和有关部门应当采取措施,为残疾人康复创造条件,建立和完善残疾人康复服务体系,并分阶段实施重点康复项目,帮助残疾人恢复或者补偿功能,增强其参与社会生活的能力。

国家保障残疾人享有平等接受教育的权利。

(2)国家保障残疾人享有受教育的权利。各级人民政府应当将残疾人教育作为国家教育事业的组成部分,统一规划,加强领导,为残疾人接受教育创造条件。政府、社会、学校应当采取有效措施,解决残疾儿童、少年就学存在的实际困难,帮助其完成义务教育。

(3)国家保障残疾人劳动的权利。政府和社会举办残疾人福利企业、盲人按摩机构和其他福利性单位,集中安排残疾人就业。国家实行按比例安排残疾人就业制度。

(4)国家保障残疾人享有平等参与文化生活的权利。各级人民政府和有关部门鼓励、帮助残疾人参加各种文化、体育、娱乐活动,积极创造条件,丰富残疾人精神文化生活。残疾人文化、体育、娱乐活动应当面向基层,融于社会公共文化生活,适应各类残疾人的不同特点和需要,使残疾人广泛参与。

(5)国家保障残疾人享有各项社会保障的权利。政府和社会采取措施,完善对残疾人的社会保障,保障和改善残疾人的生活。残疾人及其所在单位应当按照国家有关规定参加社会保险。残疾人所在城乡基层群众性自治组织、残疾人家庭,应当鼓励、帮助残疾人参加社会保险。对生活确有困难的残疾人,按照国家有关规定给予社会保险补贴。

第九篇 农村治安篇

一、刑事法律常识

【实例解答】李强要负刑事责任吗?

李强是某市消防大队的消防队员。一日,某村朱某家中发生火灾。消防队接到火情报警后即前往火灾现场救助。朱某请求李强将其子救出,李强以火势太猛、无法救人为由加以拒绝。待大火扑灭后,朱某的儿子已被严重烧伤,后送医院抢救无效,于次日上午死亡。

李强身为消防队员,负有灭火救人的责任,是"职务上、业务上负有特定责任的人",他的行为不符合紧急避险的条件,不是紧急避险,已构成玩忽职守罪,应当负相应的刑事责任。朱某可以向司法机关控告李强,并且朱某还可以对其儿子死亡造成的经济损失,向消防队要求赔偿。

1. 什么是犯罪?

一切危害国家主权、领土完整和安全,分裂国家、颠覆人民民主专政的政权和推翻社会主义制度,破坏社会秩序和经济秩序,侵犯国有财产或者劳动群众集体所有的财产,侵犯公民私人所有的财产,侵犯公民的人身权利、民主权利和其他权利,以及其他危害社会的行为,依照法律应当受刑罚处罚的,都是犯罪,但是情节显著轻微危害不大的,不认为是犯罪。

2. 什么是故意犯罪?什么是过失犯罪?应不应当负刑事责任?

明知自己的行为会发生危害社会的结果,并且希望或者放任这种结果发生,因而构成犯罪的,是故意犯罪。故意犯罪,应当负刑事责任。

应当预见自己的行为可能发生危害社会的结果,因为疏忽大意而没有预见,或者已经预见而轻信能够避免,以致发生这种结果的,是过失犯罪。过失犯罪,法律有规定的才负刑事责任。

3.法律对刑事责任年龄是如何规定的?

已满16周岁的人犯罪,应当负刑事责任。已满14周岁不满16周岁的人,犯故意杀人、故意伤害致人重伤或者死亡、强奸、抢劫、贩卖毒品、放火、爆炸、投毒罪的,应当负刑事责任。已满14周岁不满18周岁的人犯罪,应当从轻或者减轻处罚。因不满16周岁不予刑事处罚的,责令他的家长或者监护人加以管教;在必要的时候,也可以由政府收容教养。

4.精神病人、醉酒的人、残疾人是否应当负刑事责任?

精神病人在不能辨认或者不能控制自己行为的时候造成危害结果,经法定程序鉴定确认的,不负刑事责任,但是应当责令他的家属或者监护人严加看管和医疗;在必要的时候,由政府强制医疗。间歇性的精神病人在精神正常的时候犯罪,应当负刑事责任。尚未完全丧失辨认或者控制自己行为能力的精神病人犯罪的,应当负刑事责任,但是可以从轻或者减轻处罚。

醉酒的人犯罪,应当负刑事责任。

又聋又哑的人或者盲人犯罪,可以从轻、减轻或者免除处罚。

5.什么是正当防卫? 正当防卫是否负刑事责任?

为了使国家、公共利益、本人或者他人的人身、财产和其他权利免受正在进行的不法侵害,而采取的制止不法侵害的行为,对不法侵害人造成损害的,属于正当防卫,不负刑事责任。

正当防卫明显超过必要限度造成重大损害的,应当负刑事责任,但是应当减轻或者免除处罚。

对正在进行行凶、杀人、抢劫、强奸、绑架以及其他严重危及人身安全的暴力犯罪,采取防卫行为,造成不法侵害人伤亡的,不属于防卫过当,不负刑事责任。

6.什么是紧急避险? 紧急避险是否负刑事责任?

为了使国家、公共利益、本人或者他人的人身、财产和其他权利免受正在发生的危险,不得已采取的紧急避险行为,造成损害的,不负刑事责任。但不适用于职务上、业务上负有特定责任的人。

紧急避险超过必要限度造成不应有的损害的,应当负刑事责任,但是应当减轻或者免除处罚。

7.什么是共同犯罪？如何认定参与共同犯罪者的地位以及应当如何承担刑事责任？

共同犯罪是指两人以上共同故意犯罪。两人以上共同过失犯罪,不以共同犯罪论处;应当负刑事责任的,按照他们所犯的罪分别处罚。

组织、领导犯罪集团进行犯罪活动的或者在共同犯罪中起主要作用的,是主犯。三人以上为共同实施犯罪而组成的较为固定的犯罪组织,是犯罪集团。对组织、领导犯罪集团的首要分子,按照集团所犯的全部罪行处罚。对于犯罪集团中刑法规定的主犯以外的其他成员,应当按照其所参与的或者组织、指挥的全部犯罪处罚。

在共同犯罪中起次要或者辅助作用的,是从犯。对于从犯,应当从轻、减轻处罚或者免除处罚。对于被胁迫参加犯罪的,应当按照他的犯罪情节减轻处罚或者免除处罚。

教唆他人犯罪的,应当按照他在共同犯罪中所起的作用处罚。教唆不满十八周岁的人犯罪的,应当从重处罚。如果被教唆的人没有犯被教唆的罪,对于教唆犯,可以从轻或者减轻处罚。

8.什么是刑罚？我国刑法规定的刑罚种类包括哪些？

刑罚是犯罪的法律后果,是刑法规定的,由人民法院依法对犯罪人适用的最为严厉的制裁措施。

刑罚分为主刑和附加刑。主刑的种类包括:
(1)管制;
(2)拘役;
(3)有期徒刑;
(4)无期徒刑;
(5)死刑。

附加刑的种类包括：
(1)罚金；
(2)剥夺政治权利；
(3)没收财产。

9.什么是管制？管制的期限是如何规定的？管制的刑期如何计算？

管制是对犯罪人不实行关押而放在社会上由公安机关依靠群众监督改造的一种刑罚方法。管制的期限，为3个月以上2年以下。被判处管制的犯罪分子，由公安机关执行。管制的刑期，从判决执行之日起计算；判决执行以前先行羁押的，羁押一日折抵刑期二日。

10.被判处管制的犯罪分子在执行期间应遵守哪些规定？

被判处管制的犯罪分子，在执行期间，应当遵守下列规定：(1)遵守法律、行政法规，服从监督；(2)未经执行机关批准，不得行使言论、出版、集会、结社、游行、示威自由的权利；(3)按照执行机关规定报告自己的活动情况；(4)遵守执行机关关于会客的规定；(5)离开所居住的市、县或者迁居，应当报经执行机关批准。对于被判处管制的犯罪分子，在劳动中应当同工同酬。被判处管制的犯罪分子，管制期满，执行机关应即向本人和其所在单位或者居住地的群众宣布解除管制。

11.什么是拘役？拘役的期限是如何规定的？拘役期间的待遇是如何规定的？

拘役是短期剥夺犯罪人的人身自由，就近强制进行劳动改造的一种刑罚方法。拘役的期限，为1个月以上6个月以下。被判处拘役的犯罪分子，由公安机关就近执行。在执行期间，被判处拘役的犯罪分子每月可以回家1～2天；参加劳动的，可以酌量发给报酬。

12.什么是有期徒刑？有期徒刑的期限是如何规定的？有期徒刑的刑期如何计算？

有期徒刑是在一定期限内剥夺犯罪分子的人身自由，在监狱或者其他执行场所强制进行教育改造和劳动改造的一种刑罚方法。有期徒刑的期限,除刑法其他规定外,为6个月以上15年以下。有期徒刑的刑期,从判决执行之日起计算;判决执行以前先行羁押的,羁押一日折抵刑期一日。

13. 什么是无期徒刑?

无期徒刑是剥夺犯罪分子终身自由,在监狱强制进行教育改造和劳动改造的一种刑罚方法。

14. 我国刑法是如何规定死刑制度的?

死刑是指剥夺犯罪人生命的一种刑罚方法。死刑只适用于罪行极其严重的犯罪分子。对于应当判处死刑的犯罪分子,如果不是必须立即执行的,可以判处死刑同时宣告缓期两年执行。死刑除依法由最高人民法院判决的以外,都应当报请最高人民法院核准。死刑缓期执行的,可以由高级人民法院判决或者核准。

犯罪的时候不满18周岁的人和审判的时候怀孕的妇女,不适用死刑。判处死刑缓期执行的,在死刑缓期执行期间,如果没有故意犯罪,2年期满以后,减为无期徒刑;如果确有重大立功表现,2年期满以后,减为15年以上20年以下有期徒刑;如果故意犯罪,查证属实的,由最高人民法院核准,执行死刑。死刑缓期执行的期间,从判决确定之日起计算。死刑缓期执行减为有期徒刑的刑期,从死刑缓期执行期满之日起计算。

15. 什么是罚金制度?

罚金是强制犯罪分子向国家缴纳一定数量金钱的一种刑罚方法。判处罚金,应当根据犯罪情节决定罚金数额。罚金在判决指定的期限内一次或者分期缴纳。期满不缴纳的,强制缴纳。对于不能全部缴纳罚金的,人民法院在任何时候发现被执行人有可以执行的财产,应当随时追缴。如果由于遭遇不能抗拒的灾祸缴纳确实有困难的,可以酌情减少或者免除。

16. 剥夺政治权利主要指哪些权利?剥夺政治权利适用对象是哪些犯罪分子?

剥夺政治权利是剥夺下列权利:

（1）选举权和被选举权；
（2）言论、出版、集会、结社、游行、示威自由的权利；
（3）担任国家机关职务的权利；
（4）担任国有公司、企业、事业单位和人民团体领导职务的权利。

对于危害国家安全的犯罪分子应当附加剥夺政治权利；对于故意杀人、强奸、放火、爆炸、投毒、抢劫等严重破坏社会秩序的犯罪分子，可以附加剥夺政治权利。独立适用剥夺政治权利的，依照刑法分则的规定。对于被判处死刑、无期徒刑的犯罪分子，应当剥夺政治权利终身。

剥夺政治权利由公安机关执行。被剥夺政治权利的犯罪分子，在执行期间，应当遵守法律、行政法规和国务院公安部门有关监督管理的规定，服从监督；不得行使刑法所列举的各项政治权利。

17.什么是没收财产？没收财产的执行范围有哪些？

没收财产是指将犯罪分子个人所有的财产的一部或者全部强制无偿收归国有的一种刑罚方法。没收财产主要适用一类是危害国家安全的犯罪分子，另一类是经济犯罪和贪财图利型犯罪。

没收财产是没收犯罪分子个人所有财产的一部或者全部。没收全部财产的，应当对犯罪分子个人及其扶养的家属保留必需的生活费用。在判处没收财产的时候，不得没收属于犯罪分子家属所有或者应有的财产。

18.什么是累犯？

累犯是指受过一定的刑罚处罚，刑罚执行完毕或者赦免以后，在一定的时间内又犯被判处一定刑罚之罪的犯罪分子，是累犯。对于累犯，应当从重处罚，但是过失犯罪除外。累犯包括一般累犯和特殊累犯。

19.什么是自首？自首的处罚原则是什么？

自首是指犯罪人在犯罪以后自动投案，如实供述自己罪行，或者被采取强制措施的犯罪嫌疑人、被告人和正在服刑的罪犯，如实供述司法机关还未掌握的本人其他罪行的行为。自首分为一般自首和特别自首。一般自首条件：犯罪人自动投案；犯罪人如实供述自己的罪行。特别自首条件：主体只能是已经被采取强制措施的犯罪嫌疑人、被告人和正在服刑的罪犯；必须是如实供述司法机关还未掌握的自己的其他罪行。

对于自首的犯罪分子，可以从轻或者减轻处罚。其中，犯罪较轻的，可以免除处罚。犯罪后自首又有重大立功表现的，应当减轻或者免除处罚。

20.什么是立功？立功的处罚原则是什么？

立功是指犯罪分子揭发他人的犯罪行为，查证属实的，或者是提供重要线索，从而得以侦破其他案件等表现。

有一般立功表现的犯罪分子，可以从轻或者减轻处罚；有重大立功表现的犯罪分子，可以减轻或者免除处罚。

21.什么是数罪并罚？

所谓数罪并罚，是指一个人在判决宣告以前犯有数罪，或者在判决宣告以后、刑罚执行完毕以前，发现被判刑的犯罪分子在判决宣告以前还有其他罪没有判决，或者被判刑的犯罪分子在刑罚执行完毕以前又犯新罪，审判机关依照刑法规定的数罪并罚的原则和方法，对犯罪分子所犯的数罪合并处罚的刑罚裁量制度。

22.什么是缓刑？

缓刑，是指对被判处一定刑罚的犯罪分子，在其具备法定条件的情况下，在一定的考验期内附条件地不执行原判刑罚的一种制度。

23.什么是减刑？什么是犯罪分子适用减刑的"重大立功表现"？

减刑是指对被判处管制、拘役、有期徒刑、无期徒刑的犯罪分子，在刑罚执行期间，如果认真遵守监规，接受教育改造，确有悔改表现或者立功表现，将其原判刑罚予以适当减轻的一种刑罚执行制度。

犯罪分子有下列情形之一可以适用减刑：

(1)阻止他人重大犯罪活动的；

(2)检举监狱内外重大犯罪活动,经查证属实的;
(3)有发明创造或者有重大技术革新的;
(4)在日常生产、生活中舍己救人的;
(5)在抗御自然灾害或者排除重大事故中,有突出表现的;
(6)对国家和社会有其他重大贡献的。

24.什么是假释?假释犯在假释考验期应当遵守哪些规定?

假释是指被判处有期徒刑或者无期徒刑的犯罪分子,在执行了一定时间的刑罚之后,如果认真遵守监规,接受教育改造,确有悔改表现,不致再危害社会的,司法机关将其附条件地予以提前释放的一种刑罚执行制度。

假释犯在假释考验期应当遵守以下规定:
(1)遵守法律、行政法规,服从监督;
(2)按照监督机关的规定报告自己的活动情况;
(3)遵守监督机关关于会客的规定;
(4)离开所居住的市、县或者迁居,应当报监督机关批准。

二、治安管理处罚

【实例解答】对15岁的少年偷走他人100元钱的行为要不要处罚?

某日晚,张某在欣欣餐馆用餐时,少年李某将其口袋里的100元钱偷走。随后,这个年仅15岁的少年被人当场捉获并扭送到派出所。

李某偷走他人100元钱的行为构成了违反治安管理的行为,应给予拘留或者罚款的处罚,但是由于李某未满18周岁,应从轻或者减轻处罚,可以采取罚款或者警告的形式处罚。

1.哪些案件属于治安管理处罚案件?

《治安管理处罚法》规定,扰乱公共秩序,妨害公共安全,侵犯人身权利、财产权利,妨害社会管理,具有社会危害性,依照《中华人民共和国刑法》的规定构成犯罪的,依法追究刑事责任;尚不够刑事处罚的,由公安机关依照《治安管理处罚法》给予治安管理处罚。

2.对于因民间纠纷引起的打架斗殴或者损毁他人财物等违反治安管理行为如何处理?

《治安管理处罚法》规定,对于因民间纠纷引起的打架斗殴或者损毁他人财物等违反治安管理行为,情节较轻的,公安机关可以调解处理。经公安机关调解,当事人达成协议的,不予处罚。经调解未达成协议或者达成协议后不履行的,公安机关应当依照本法的规定对违反治安管理行为人给予处罚,并告知当事人可以就民事争议依法向人民法院提起民事诉讼。

3.治安管理处罚的种类有哪些?

《治安管理处罚法》规定,治安管理处罚的种类分为:

(1)警告;

(2)罚款;

(3)行政拘留;

(4)吊销公安机关发放的许可证。

对违反治安管理的外国人,可以附加适用限期出境或者驱逐出境。

4.不满18周岁的未成年人,违反治安管理的是否进行治安管理处罚?

《治安管理处罚法》规定,已满14周岁不满18周岁的人违反治安管理的,从轻或者减轻处罚;不满14周岁的人违反治安管理的,不予处罚,但是应当责令其监护人严加管教。

5.精神病人违反治安管理的是否进行治安管理处罚?

《治安管理处罚法》规定,精神病人在不能辨认或者不能控制自己行为的时候违反治安管理的,不予处罚,但是应当责令其监护人严加看管和治疗。间歇性的精神病人在精神正常的时候违反治安管理的,应当给予处罚。

6.醉酒的人、盲人或者又聋又哑的人违反治安管理的,是否进行治安管理处罚?

《治安管理处罚法》规定,醉酒的人违反治安管理的,应当给予处罚。

醉酒的人在醉酒状态中,对本人有危险或者对他人的人身、财产或者公共安全有威胁的,应当对其采取保护性措施约束至酒醒。

盲人或者又聋又哑的人违反治安管理的,可以从轻、减轻或者不予处罚。

7.违反治安管理,但应当依法减轻处罚或不予处罚的包括哪些情形?

《治安管理处罚法》规定,违反治安管理有下列情形之一的,减轻处罚或者不予处罚:

(1)情节特别轻微的;

(2)主动消除或者减轻违法后果,并取得被侵害人谅解的;

(3)出于他人胁迫或者诱骗的;

(4)主动投案,向公安机关如实陈述自己的违法行为的;

(5)有立功表现的。

8.违反治安管理,应当依法从重处罚的包括哪些情形?

《治安管理处罚法》规定,违反治安管理有下列情形之一的,从重处罚:

(1)有较严重后果的;

(2)教唆、胁迫、诱骗他人违反治安管理的;

(3)对报案人、控告人、举报人、证人打击报复的;

(4)6个月内曾受过治安管理处罚的。

9.在哪些情形下,违反治安管理行为人依法应当给予行政拘留但不执行行政拘留?

《治安管理处罚法》规定,违反治安管理行为人有下列情形之一,依照本法应当给予行政拘留处罚的,不执行行政拘留处罚:

(1)已满14周岁不满16周岁的;

(2)已满16周岁不满18周岁,初次违反治安管理的;

(3)70周岁以上的;

(4)怀孕或者哺乳自己不满一周岁婴儿的。

第十篇　涉农纠纷的法律解决篇

一、行政复议

【实例解答】行政复议可以纠正错误的处罚吗？

2009年7月的一天，江西省南昌市民小吴在家闲来无聊，和几个亲朋好友在家打"拖拉机"，并有数目较小的金额涉及，中途被某公安分局的工作人员查获，并被认定为赌博，同时对其进行治安处罚。小吴认为，他们四个人不是亲戚就是好朋友，况且，他们不是以赢利为目的的打牌，而只是自家人的一种娱乐而已，所涉及的金额也就是三四百元，与去咖啡厅喝茶没区别，于是申请行政复议。后经复议机关协调，公安分局撤销了对其的治安处罚。

1. 涉农纠纷可以采取哪些方式解决？

在农村社会生活中，出现纠纷是在所难免的。对于出现的纠纷，我们可以采取不同的解决方式，包括自行和解、第三方调解、仲裁、行政途径、司法途径等。其中行政途径主要是申请行政复议、信访等，司法途径主要是提起诉讼。例如，《农村土地承包法》规定，因土地承包经营发生纠纷的，双方当事人可以通过协商解决，也可以请求村民委员会、乡（镇）人民政府等调解解决。当事人不愿协商、调解或者协商、调解不成的，可以向农村土地承包仲裁机构申请仲裁，也可以直接向人民法院起诉。当事人对农村土地承包仲裁机构的仲裁裁决不服的，可以在收到裁决书之日起30日内向人民法院起诉。逾期不起诉的，裁决书即发生法律效力。

2. 什么是行政复议？

所谓行政复议，是指当事人对行政机关的行政处理决定有意见,向行政机关提出要求重新处理的一种制度。是公民,法人或其他组织通过行政救济途径解决行政争议的一种方法,行政复议有以下四个特点:

(1)提出行政复议的人,必须是认为行政机关行使职权的行为侵犯其合法权益的当事人。

(2)当事人提出行政复议,必须是在行政机关已经做出行政决定之后,如果行政机关尚没做出决定,则不存在复议问题。复议的任务是解决行政争议,而不是解决民事或其他争议。

(3)当事人对行政机关的行政决定不服,只能按法律规定,向有行政复议权的行政机关申请复议。

(4)行政复议,以书面审查为主,以不调解为原则。行政复议的结论做出后,只要法律没有规定复议决定为终局裁决的,当事人对复议决定不服的,仍可以按行政诉讼法的规定,向人民法院提请诉讼。

3.哪些情况下,公民、法人或其他组织可以申请行政复议?

根据《行政复议法》规定,有下列情形之一的,公民、法人或者其他组织可以依照本法申请行政复议:

(1)对行政机关作出的警告、罚款、没收违法所得、没收非法财物、责令停产停业、暂扣或者吊销许可证、暂扣或者吊销执照、行政拘留等行政处罚决定不服的;

(2)对行政机关作出的限制人身自由或者查封、扣押、冻结财产等行政强制措施决定不服的;

(3)对行政机关作出的有关许可证、执照、资质证、资格证等证书变更、中止、撤销的决定不服的;

(4)对行政机关作出的关于确认土地、矿藏、水流、森林、山岭、草原、荒地、滩涂、海域等自然资源的所有权或者使用权的决定不服的;

(5)认为行政机关侵犯合法的经营自主权的;

(6)认为行政机关变更或者废止农业承包合同,侵犯其合法权益的;

(7)认为行政机关违法集资、征收财物、摊派费用或者违法要求履行其他义务的;

(8)认为符合法定条件,申请行政机关颁发许可证、执照、资质证、资格证等证书,或者申请行政机关审批、登记有关事项,行政机关没有依法办理的;

(9)申请行政机关履行保护人身权利、财产权利、受教育权利的法定职责,行政机关没有依法履行的;

(10)申请行政机关依法发放抚恤金、社会保险金或者最低生活保障费,行政机关没有依法发放的;

(11)认为行政机关的其他具体行政行为侵犯其合法权益的。

4.对行政机关的哪些行为不能申请行政复议?

对不服行政机关作出的行政处分或者其他人事处理决定的,不服行政机关对民事纠纷作出的调解或者其他处理的,不能提起行政复议。《行政复议法》规定,不服行政机关作出的行政处分或者其他人事处理决定的,依照有关法律、行政法规的规定提出申诉。不服行政机关对民事纠纷作出的调解或者其他处理,依法申请仲裁或者向人民法院提起诉讼。

5.当事人以什么形式申请行政复议?

根据《行政复议法》规定,申请人申请行政复议,可以书面申请,也可以口头申请;口头申请的,行政复议机关应当当场记录申请人的基本情况、行政复议请求、申请行政复议的主要事实、理由和时间。

6.当事人可以向哪些部门提出行政复议?

根据《行政复议法》规定,对县级以上地方各级人民政府工作部门的具体行政行为不服的,由申请人选择,可以向该部门的本级人民政府申请行政复议,也可以向上一级主管部门申请行政复议。

对海关、金融、国税、外汇管理等实行垂直领导的行政机关和国家安全机关的具体行政行为不服的,向上一级主管部门申请行政复议。

对地方各级人民政府的具体行政行为不服的,向上一级地方人民政府申请行政复议。

对省、自治区人民政府依法设立的派出机关所属的县级地方人民政府的具体行政行为不服的,向该派出机关申请行政复议。

对国务院部门或者省、自治区、直辖市人民政府的具体行政行为不服的,向作出该具体行政行为的国务院部门或者省、自治区、直辖市人民政府申请行政复议。对行政复议决定不服的,可以向人民法院提起行政诉讼;也可以向国务院申请裁决,国务院依照本法的规定作出最终裁决。

7.对其他行政机关、组织的具体行政行为不服的,向哪些部门提出行政复议?

根据《行政复议法》规定,对上述行政机关以外的其他行政机关、组织的具体行政行为不服的,按照下列规定申请行政复议:

(1)对县级以上地方人民政府依法设立的派出机关的具体行政行为不服的,向设立该派出机关的人民政府申请行政复议;

(2)对政府工作部门依法设立的派出机构依照法律、法规或规章规定,以自己的名义作出的具体行政行为不服的,向设立该派出机构的部门或者该部门的本级地方人民政府申请行政复议;

(3)对法律、法规授权的组织的具体行政行为不服的,分别向直接管理该组织的地方人民政府、地方人民政府工作部门或者国务院部门申请行政复议;

(4)对两个或者两个以上行政机关以共同的名义作出的具体行政行为不服的,向其共同上一级行政机关申请行政复议;

(5)对被撤销的行政机关在撤销前所作出的具体行政行为不服的,向继续行使其职权的行政机关的上一级行政机关申请行政复议。

8.当事人在行政复议的法定期间内,是否能够再向人民法院提起诉讼?

根据《行政复议法》规定,公民、法人或者其他组织申请行政复议,行政复议机关已经依法受理的,或者法律、法规规定应当先向行政复议机关申请行政复议、对行政复议决定不服再向人民法院提起行政诉讼的,在法定行政复议期限内不得向人民法院提起行政诉讼。

反之,公民、法人或其他组织向人民法院提起行政诉讼,人民法院已经依法受理的,不得申请行政复议。

9.哪些行政争议,在未经行政复议的情况下,不得直接向人民法院提起行政诉讼?

根据《行政复议法》规定,公民、法人或者其他组织认为行政机关的具体行政行为侵犯其已经依法取得的土地、矿藏、水流、森林、山岭、草原、荒地、滩涂、海域等自然资源的所有权或者使用权的,应当先申请行政复议;对行政复议决定不服的,可以依法向人民法院提起行政诉讼。

10.哪些行政复议决定是终局裁决,当事人不得再提起行政诉讼?

根据《行政复议法》规定,对国务院部门或者省、自治区、直辖市人民政府的具体行政行为不服的,向作出该具体行政行为的国务院部门或者省、自治区、直辖市人民政府申请行政复议。对行政复议决定不服的,可以向人民法院提起行政诉讼;也可以向国务院申请裁决,国务院依照本法的规定作出最终裁决。

根据国务院或者省、自治区、直辖市人民政府对行政区划的勘定、调整或者征用土地的决定,省、自治区、直辖市人民政府确认土地、矿藏、水流、森林、山岭、草原、荒地、滩涂、海域等自然资源的所有权或者使用权的行政复议决定为最终裁决。

二、信访制度

【实例解答】北京崇文区是如何推行"信访代理",解民忧促和谐的?

自2007年以来,北京市崇文区大力推行"以区领导代理为龙头,解决疑难矛盾纠纷;以委办局代理为主线,解决专事突出事;以社区代理为基础,解决小事身边事"的信访代理制后,一件件一桩桩群众的烦心事得到了及时有效解决。崇文区实行的"信访代理"就是由有责处理的人或部门对群众的"忧"和"难"进行代理,将群众的事当成自己的事办,使群众合理合法的诉求得到及时解决,降低群众上访成本,提高了工作效率。

北京市崇文区信访代理制成效显著,首先是促进党政领导干部作风的转变。"信访代理"就是要代表人民利益,解决问题。现在,北京市崇文区从根本上实现了信访工作由被动接访向主动出击、由群众跑腿向部门跑腿、由相互推诿扯皮向密切配合联动化解的"三个转变"。其次是推动了矛盾纠纷从源头得以化解。北京市崇文区将排查出的重点矛盾纠纷和领导大接访接待的事项全部纳入信访代理,按照"有情操作,排忧解难"的思路,从源头上综合解决信访矛盾。最后是畅通了信访渠道,降低了行政成本。北京市崇文区将信访工作的"窗口"设在群众身边,群众不出社区、街道就能够在第一时间、地点把诉求反映上来并得到答复,大大提高了工作效率。

通过实行信访代理制度,北京市崇文区连续3年保持越级群体访、非正常群体访双零指标,全区信访总量连续3年持续明显下降,在2008年来访人次同比下降22%的基础上,2009年来访人次同比又下降32%,其中,集体访连续两年下降50%,并连续两年被评为"首都社会治安综合治理先进区"。

1.什么是信访?

所谓信访,是指公民、法人或者其他组织采用书信、电子邮件、传真、电话、走访等形式,向各级人民政府、县级以上人民政府工作部门反映情况,提出建议、意见或者投诉请求,依法由有关行政机关处理的活动。

2.各级人民政府、县级以上人民政府工作部门应当如何对待信访工作?

根据《国家信访条例》规定,各级人民政府、县级以上人民政府工作部门应当做好信访工作,认真处理来信、接待来访,倾听人民群众的意见、建议和要求,接受人民群众的监督,努力为人民群众服务。

各级人民政府、县级以上人民政府工作部门应当畅通信访渠道,为信访人采用本条例规定的形式反映情况,提出建议、意见或者投诉请求提供便利条件。

任何组织和个人不得打击报复信访人。

3.信访工作应当遵循哪些原则?

根据《国家信访条例》规定,信访工作应当在各级人民政府领导下,坚持属地管理、分级负责,谁主管、谁负责,依法、及时、就地解决问题与疏导教育相结合的原则。

4.各级人民政府是否设立专门机构负责信访工作?

根据《国家信访条例》规定,县级以上人民政府应当设立信访工作机构;县级以上人民政府工作部门及乡、镇人民政府应当按照有利工作、方便信访人的原则,确定负责信访工作的机构(以下简称信访工作机构)或者人员,具体负责信访工作。

5.县级以上人民政府信访工作机构应当履行哪些职责?

根据《国家信访条例》规定,是本级人民政府负责信访工作的行政机构,履行下列职责:

(1)受理、交办、转送信访人提出的信访事项;

(2)承办上级和本级人民政府交由处理的信访事项;

(3)协调处理重要信访事项;

(4)督促检查信访事项的处理;

(5)研究、分析信访情况,开展调查研究,及时向本级人民政府提出完善政策和改进工作的建议;

(6)对本级人民政府其他工作部门和下级人民政府信访工作机构的信访工作进行指导。

6.信访人享有哪些权利?

根据《国家信访条例》规定,信访人享有以下权利:

(1)依法反映情况,提出建议、意见或者投诉请求的权利;

(2)依法信访不受打击报复的权利;

(3)就行政机关的行政行为及其工作人员的职务行为提出信访事项的权利;

(4)查询信访事项办理情况的权利;

(5)就信访事项受理、办理情况得到书面答复的权利;

(6)要求对办理信访事项有直接利害关系的工作人员回避的权利;

(7)检举、揭发材料及有关材料不被透露或者转给被检举、揭发的人员或者单位的权利;

(8)反映的情况,提出的建议、意见,对国民经济和社会发展或者对改进国家机关工作以及保护社会公共利益有贡献的,得到奖励的权利;

(9)事实清楚、法律依据充分的投诉请求得到支持的权利;

(10)对信访事项处理不服,要求复查、复核的权利。

7. 信访人可以对哪些组织和人员的职务行为提出信访事项?

根据《国家信访条例》规定,信访人对下列组织、人员的职务行为反映情况,提出建议、意见,或者不服下列组织、人员的职务行为,可以向有关行政机关提出信访事项:

(1)行政机关及其工作人员;

(2)法律、法规授权的具有管理公共事务职能的组织及其工作人员;

(3)提供公共服务的企业、事业单位及其工作人员;

(4)社会团体或者其他企业、事业单位中由国家行政机关任命、委派的人员;

(5)村民委员会、居民委员会及其成员。

8. 信访人可以采用哪种形式提出信访事项?

根据《国家信访条例》规定,信访人提出信访事项,一般应当采用书信、电子邮件、传真等书面形式;信访人提出投诉请求的,还应当载明信访人的姓名(名称)、住址和请求、事实、理由。有关机关对采用口头形式提出的投诉请求,应当记录信访人的姓名(名称)、住址和请求、事实、理由。

9.信访人是否可以采用走访形式提出信访事项?采用走访形式应当注意哪些问题?

根据《国家信访条例》规定,信访人可以采用走访形式提出信访事项。信访人采用走访形式提出信访事项,应当向依法有权处理的本级或者上一级机关提出;信访事项已经受理或者正在办理的,信访人在规定期限内向受理、办理机关的上级机关再提出同一信访事项的,该上级机关不予受理。

信访人采用走访形式提出信访事项的,应当到有关机关设立或者指定的接待场所提出。多人采用走访形式提出共同的信访事项的,应当推选代表,代表人数不得超过五人。

10.信访人在信访过程中不得有哪些行为?

根据《国家信访条例》规定,信访人在信访过程中应当遵守法律、法规,不得损害国家、社会、集体的利益和其他公民的合法权利,自觉维护社会公共秩序和信访秩序,不得有下列行为:

(1)在国家机关办公场所周围、公共场所非法聚集,围堵、冲击国家机关,拦截公务车辆,或者堵塞、阻断交通的;

(2)携带危险物品、管制器具的;

(3)侮辱、殴打、威胁国家机关工作人员,或者非法限制他人人身自由的;

(4)在信访接待场所滞留、滋事,或者将生活不能自理的人弃留在信访接待场所的;

(5)煽动、串联、胁迫、以财物诱使、幕后操纵他人信访或者以信访为名借机敛财的;

(6)扰乱公共秩序、妨害国家和公共安全的其他行为。

信访人有上述行为的,有关国家机关工作人员应当对信访人进行劝阻、批评或者教育。

经劝阻、批评和教育无效的,由公安机关予以警告、训诫或者制止;违反集会游行示威的法律、行政法规,或者构成违反治安管理行为的,由公安机关依法采取必要的现场处置措施、给予治安管理处罚;构成犯罪的,依法追究刑事责任。

另外,信访人提出信访事项,应当客观真实,对其所提供材料内容的真实性负责,不得捏造、歪曲事实,不得诬告、陷害他人。信访人捏造歪曲事实、诬告陷害他人,构成犯罪的,依法追究刑事责任;尚不构成犯罪的,由公安机关依法给予治安管理处罚。

11.信访人对信访事项处理意见不服的,怎么办?

根据《国家信访条例》规定,信访人对行政机关做出的信访事项处理意见不服的,可以自收到书面答复之日起30日内请求原办理行政机关的上一级行政机关复查。收到复查请求的行政机关应当自收到复查请求之日起30日内提出复查意见,并予以书面答复。

12.信访人对复查意见不服的,怎么办?

根据《国家信访条例》规定,信访人对复查意见不服的,可以自收到书面答复之日起30日内向复查机关的上一级行政机关请求复核。收到复核请求的行政机关应当自收到复核请求之日起30日内提出复核意见。

复核机关可以按照本条例第三十一条第二款的规定举行听证,经过听证的复核意见可以依法向社会公示。听证所需时间不计算在前款规定的期限内。

信访人对复核意见不服,仍然以同一事实和理由提出投诉请求的,各级人民政府信访工作机构和其他行政机关不再受理。

三、诉讼

【实例解答】如何保护"民告官"案件当事人诉讼权利?

1989年4月,全国人大七届二次会议审议通过了《中华人民共和国行政诉讼法》。虽然行政诉讼法的颁布实施,对我国的法治建设具有重大而深远的影响,但是在实际生活中,老百姓打行政官司依然压力大、难度大,不少群众既对法院是否"官官相护"、能否秉公执法心存疑虑,又对获得公正裁判充满期盼。当前"民告官"难主要表现在:一是有的法院怕得罪政府或有关行政机关,不敢行使司法监督权和审判权,有时明知行政行为违法,却违心裁判,或将案件一拖再拖;二是有的地方还不同程度地存在非法干预行政审判的现象,以致"民告官"输的多,赢的少;三是"告官不见官",即存在政府部门不接传票,负责人不出庭,不执行判决结果等现象。

2009年11月15日,最高人民法院出台《关于保护行政诉讼当事人诉权的意见》,该司法解释明确要求,各级人民法院要全面准确理解和适用行政诉讼法和相关司法解释,不得以任何借口随意限制受案范围。同时,进一步加强对下级人民法院行政案件立案受理工作的指导和监督,防止因当事人告状无门而引发到处上访,激化社会矛盾的时间。其实,让公民可以在法庭上于行政机关"对簿公堂",不仅不会影响政府及行政机关的形象,而且可以进一步促进其依法行政,同时还反映司法公正、社会文明程度和公民法律地位的提高,展示人民当家作主的理念。只有这样,官员和公民之间才能形成良好的互动关系,切实解决行政诉讼告状难的问题。

1.什么是行政诉讼?

所谓行政诉讼是指公民、法人或者其他组织认为行政机关和行政机关工作人员的具体行政行为侵犯其合法权益,而向人民法院提起的诉讼。

2.公民、法人和其他组织对哪些具体行政行为不服有权提起行政诉讼?

根据《行政诉讼法》规定,公民、法人和其他组织对下列具体行政行为不服有权提起行政诉讼:

(1)对拘留、罚款、吊销许可证和执照、责令停产停业、没收财物等行政处罚不服的;

(2)对限制人身自由或者对财产的查封、扣押、冻结等行政强

制措施不服的;
(3)认为行政机关侵犯法律规定的经营自主权的;
(4)认为符合法定条件申请行政机关颁发许可证和执照,行政机关拒绝颁发或者不予答复的;
(5)申请行政机关履行保护人身权、财产权的法定职责,行政机关拒绝履行或者不予答复的;
(6)认为行政机关没有依法发给抚恤金的;
(7)认为行政机关违法要求履行义务的;
(8)认为行政机关侵犯其他人身权、财产权的。

除此以外,人民法院受理法律、法规规定可以提起诉讼的其他行政案件。

3.公民、法人或者其他组织对哪些事项提起的诉讼,人民法院不受理?

根据《行政诉讼法》规定,人民法院不受理公民、法人或者其他组织对下列事项提起的诉讼:
(1)国防、外交等国家行为;
(2)行政法规、规章或者行政机关制定、发布的具有普遍约束力的决定、命令;
(3)行政机关对行政机关工作人员的奖惩、任免等决定;
(4)法律规定由行政机关最终裁决的具体行政行为。

4.不同级别的人民法院各自管辖哪些第一审行政案件?

根据《行政诉讼法》规定,基层人民法院管辖第一审行政案件。
中级人民法院管辖下列第一审行政案件:
(1)确认发明专利权的案件、海关处理的案件;
(2)对国务院各部门或者省、自治区、直辖市人民政府所作的具体行政行为提起诉讼的案件;
(3)本辖区内重大、复杂的案件。

高级人民法院管辖本辖区内重大、复杂的第一审行政案件。
最高人民法院管辖全国范围内重大、复杂的第一审行政案件。

5. 不同地域的同级别人民法院管辖哪些第一审行政案件？

根据《行政诉讼法》规定，行政案件由最初做出具体行政行为的行政机关所在地人民法院管辖。经复议的案件，复议机关改变原具体行政行为的，也可以由复议机关所在地人民法院管辖。

对限制人身自由的行政强制措施不服提起的诉讼，由被告所在地或者原告所在地人民法院管辖。

因不动产提起的行政诉讼，由不动产所在地人民法院管辖。

6. 公民、法人或者其他组织应当在多长时间内向人民法院提起行政诉讼？

根据《行政诉讼法》规定，申请人不服复议决定的，可以在收到复议决定书之日起 15 日内向人民法院提起诉讼。复议机关逾期不作决定的，申请人可以在复议期满之日起 15 日内向人民法院提起诉讼。法律另有规定的除外。

公民、法人或者其他组织直接向人民法院提起诉讼的，应当在知道作出具体行政行为之日起 3 个月内提出。法律另有规定的除外。

公民、法人或者其他组织因不可抗力或者其他特殊情况耽误法定期限的，在障碍消除后的 10 日内，可以申请延长期限，由人民法院决定。

7. 行政机关工作人员的具体行政行为侵犯公民、法人或其他组织的合法权益，造成损害的，是否可以要求损害赔偿？

根据《行政诉讼法》规定，公民、法人或者其他组织的合法权益受到行政机关或者行政机关工作人员作出的具体行政行为侵犯造成损害的，有权请求赔偿。

行政机关或者行政机关工作人员作出的具体行政行为侵犯公民、法人或者其他组织的合法权益造成损害的，由该行政机关或者该行政机关工作人员所在的行政机关负责赔偿。行政机关赔偿损失后，应当责令有故意或者重大过失的行政机关工作人员承担部分或者全部赔偿费用。赔偿费用，从各级财政列支。各级人民政府可以责令有责任的行政机关支付部分或者全部赔偿费用。具体办法由国务院规定。

8.公民、法人或其他组织的哪些纠纷可以依据《民事诉讼法》向人民法院提起民事诉讼?

根据《民事诉讼法》规定,人民法院受理公民之间、法人之间、其他组织之间以及他们相互之间因财产关系和人身关系提起的民事诉讼,适用民事诉讼法的规定。

9.各级人民法院的民事案件管辖范围是如何确定的?

根据《民事诉讼法》规定,基层人民法院管辖第一审民事案件,但民事诉讼法另有规定的除外。

中级人民法院管辖下列第一审民事案件:

(一)重大涉外案件;

(二)在本辖区有重大影响的案件;

(三)最高人民法院确定由中级人民法院管辖的案件。

高级人民法院管辖在本辖区有重大影响的第一审民事案件。

最高人民法院管辖下列第一审民事案件:

(一)在全国有重大影响的案件;

(二)认为应当由本院审理的案件。

10.《民事诉讼法》对地域管辖是如何规定的?

所谓地域管辖是指不同地区的同级别人民法院受理第一审民事案件的分工和权限。

根据《民事诉讼法》规定,对公民提起的民事诉讼,由被告住所地人民法院管辖;被告住所地与经常居住地不一致的,由经常居住地人民法院管辖。对法人、其他组织提起的民事诉讼,由被告住所地人民法院管辖。同一诉讼的几个被告住所地、经常居住地在两个以上人民法院辖区的,各该人民法院都有管辖权。

对于下列各种纠纷,《民事诉讼法》规定采用以下规则确定管辖法院:

(1)因合同纠纷提起的诉讼,由被告住所地或者合同履行地人民法院管辖。

(2)因保险合同纠纷提起的诉讼,由被告住所地或者保险标的物所在地人民法院管辖。

(3)因票据纠纷提起的诉讼,由票据支付地或者被告住所地人民法院管辖。

(4)因铁路、公路、水上、航空运输和联合运输合同纠纷提起的诉讼,由运输始发地、目的地或者被告住所地人民法院管辖。

(5)因侵权行为提起的诉讼,由侵权行为地或者被告住所地人民法院管辖。被告住所地人民法院管辖。

(6)因铁路、公路、水上和航空事故请求损害赔偿提起的诉讼,由事故发生地或者车辆、船舶最先到达地、航空器最先降落地或者被告住所地人民法院管辖。

11.哪些民事案件由人民法院专属管辖?

根据《民事诉讼法》规定,下列案件由人民法院实行专属管辖:

(1)因不动产纠纷提起的诉讼,由不动产所在地人民法院管辖;

(2)因港口作业中发生纠纷提起的诉讼,由港口所在地人民法院管辖;

(3)因继承遗产纠纷提起的诉讼,由被继承人死亡时住所地或者主要遗产所在地人民法院管辖。

12.哪些情况下,审判人员应当回避?

根据《民事诉讼法》规定,审判人员有下列情形之一的,必须回避。当事人有权用口头或者书面方式申请他们回避:

(1)是本案当事人或者当事人、诉讼代理人的近亲属;

(2)与本案有利害关系;

(3)与本案当事人有其他关系,可能影响对案件公正审理的。

此规定也适用于书记员、翻译人员、鉴定人、勘验人。

13.在民事诉讼中,当事人享有哪些权利,应当履行哪些义务?

根据《民事诉讼法》规定,当事人有权委托代理人,提出回避申请,收集、提供证据,进行辩论,请求调解,提起上诉,申请执行。

当事人可以查阅本案有关材料,并可以复制本案有关材料和法律文书。查阅、复制本案有关材料的范围和办法由最高人民法院规定。

当事人必须依法行使诉讼权利,遵守诉讼秩序,履行发生法律效力的判决书、裁定书和调解书。

13.民事诉讼证据有哪几种?

根据《民事诉讼法》规定,证据有以下几种:

(1)书证;

(2)物证;

(3)视听资料;

(4)证人证言;

(5)当事人的陈述;

(6)鉴定结论;

(7)勘验笔录。

14.根据《民事诉讼法》规定,起诉应当符合哪些条件?

起诉必须符合下列条件:

(1)原告是与本案有直接利害关系的公民、法人和其他组织;

(2)有明确的被告;

(3)有具体的诉讼请求和事实、理由;

(4)属于人民法院受理民事诉讼的范围和受诉人民法院管辖。

15.根据《民事诉讼法》规定,起诉书应当包含哪些内容?

根据《民事诉讼法》规定,起诉书应当包含下列内容:

(1)当事人的姓名、性别、年龄、民族、职业、工作单位和住所,法人或者其他组织的名称、住所和法定代表人或者主要负责人的姓名、职务;

(2)诉讼请求和所根据的事实与理由;

(3)证据和证据来源,证人姓名和住所。

16.什么是民事诉讼的诉讼时效?

所谓诉讼时效是指权利人不行使权利的事实状态,持续经过法定期间,而无权请求其法院依诉讼程序强制义务人履行义务的制度。即权利人的民事权利受到他人侵害,其应当在法定期限内请求人民法院给予法律保护,一旦超过这个期限,权利人将丧失胜诉权。

17.什么是普通诉讼时效?

根据《民法通则》的规定,普通诉讼时效是在通常情况下普遍适用的诉讼时效。普通诉讼时效为两年。《民法通则》第一百三十五条规定,向人民法院请求保护民事权利的诉讼时效期间为两年,法律另有规定的除外。即除法律有特别规定外,一般的民事案件均适用普通诉讼时效。

18.什么是特别诉讼时效?

根据《民法通则》的规定,根据《民法通则》的规定,特别诉讼时效是对某些特殊的民事案件规定的诉讼时效,特别诉讼时效为1年。《民法通则》第一百三十六条规定,下列的诉讼时效期间为1年:

(1)身体受到伤害要求赔偿的;
(2)出售质量不合格的商品未声明的;
(3)延付或者拒付租金的;
(4)寄存财物被丢失或者损毁的。

19.民事诉讼的上诉期是多长时间?

根据《民法通则》的规定,当事人不服地方人民法院第一审判决的,有权在判决书送达之日起15日内向上一级人民法院提起上诉。当事人不服地方人民法院第一审裁定的,有权在裁定书送达之日起10日内向上一级人民法院提起上诉。

参考文献

[1] 垫江."农技110"帮助农民科学种田.2007－03－28.华龙网.
[2] 马坪乡.完善"四议两公开"制度促民主议事.2010－01－26 湖南在线.
[3] 识别农药标签九项注意.2009－02－26.广西农业信息网.
[4] 如何识别假冒农药.2009－02－26.广西农业信息网.
[5] 为民办实事打假促增收.海峡都市报社.2009－7－8.海都资讯网.
[6] 谭业国.农业部黄渤海区渔政局:渔业法律制度(2009年):渔业案例.分析高等教育资讯网.
[7] 马勇.如何正确识别和使用饲料添加剂.2006－10－18.通江农业信息网.
[8] 玉溪市认真贯彻全省春耕生产现场会精神及2009年春耕生产进展情况.2009－4－28.玉溪农业信息网.
[9] 农业执法十大典型案例.2007－03－13.余杭农业执法网.
[10] 如何识别蔬菜种子的新陈.2007－12－10.中国经济网.
[11] 东兴市农业局.农资辩假方法.2008－3－4.广西东兴农业信息网.
[12] 于都县:农业机械化富了一村人.2009－04－03 中国供求网.
[13] 焦作市个体户突破6万户.www.henan.gov.cn.2009－12－09.
[14] 什么是"农民专业合作社"？农民加入合作社的好处有哪些？2009－5－19.伊通农网.
[15] 郑金雄黄冬阳.厦门否认喜洋洋公司法人人格.2004－7－2.法律教育网.
[16] 章秀福.农民专业合作社发展的经验与思考——以重庆市秀福种养殖专业合作社为例.2009－12－29.中国农经信息网.
[17] 河北首发"新农保"养老金近60万农村老人获益.2010－02－11.中国新闻网.

[18]新农合具体实施存3大问题专家称关键在合作.2010－02－17.中国新闻网.

[19]黑龙江佳木斯市农村留守儿童生活发展状况调研.2009－10－27.中国妇女网.

[20]耿建扩.刘敏.保定市为农村五保对象雇"保姆".2010－02－25.光明网.

[21]陈潇.河南省未报即用违法占用耕地面积1.6万亩.2010－02－09.大河网－河南日报农村版.

[22]王姝.北京严查滥用耕地领导违规批地将比追责.2010－02－'7.新京报.

[23]《北京市通州区人民法院审理李某某与马某某买卖合同纠纷案民事判决书》(2008)通民初字第02041号.

[24]金兰.北京市通州区农村土地流转成效显著.2009－11－02.经济参考报.

[25]赵建萍.农民因首都机场扩建状告政府征地案和解.2006－03－15.中国法院网.

[26]陈丽平.涉及家庭暴力的案例指导制度有望今年出台.2009－05－24.中国法院网.

[27]王秋实.家庭内部赡养协议被判无效.2008－01－11.《京华时报》.

[28]邹文彪晏莲琴雷彩虹.打牌金额小不能算赌博南昌通报4起行政复议案例.2007－08－28.江南都市报.

[29]万一牛爱民.北京崇文区推行"信访代理"解民忧促和谐.2010－02－11.国家信访局网.

[30]刘纯银.破解"民告官"难关键在"官".2009－11－26.人民代表报第八版.

[31]减轻农民负担政策问答.2009－07－06.寿光农业信息网.

[32]农业部法制宣传领导小组办公室编.农业法律知识读本.中国检察出版社.1997年第1版.